U0474905

西南大学"双一流"建设（教育学）学术文库
A Library of Academic Works of Southwest University "Double First-Class" Project (Education)

新中国学校体育思想发展与中小学体育课程改革研究

彭泽平　著

西南大学出版社

图书在版编目(CIP)数据

新中国学校体育思想发展与中小学体育课程改革研究 / 彭泽平著. -- 重庆 : 西南大学出版社, 2025.1.
(西南大学"双一流"建设(教育学)学术文库).
ISBN 978-7-5697-2880-4

Ⅰ. G633.962

中国国家版本馆CIP数据核字第2025VF1972号

新中国学校体育思想发展与中小学体育课程改革研究
XINZHONGGUO XUEXIAO TIYU SIXIANG FAZHAN YU ZHONG-XIAOXUE TIYU KECHENG GAIGE YANJIU

彭泽平　著

责任编辑｜尹清强
责任校对｜曹园妹
装帧设计｜闻江文化　胡　月
排　　版｜杨建华
出版发行｜西南大学出版社(原西南师范大学出版社)
　　　　　地址｜重庆市北碚区天生路2号
　　　　　邮编｜400715
　　　　　市场营销部电话｜023-68868624
经　　销｜全国新华书店
印　　刷｜重庆长虹印务有限公司
成品尺寸｜170 mm×240 mm
印　　张｜12.5
字　　数｜200千字
版　　次｜2025年1月　第1版
印　　次｜2025年1月　第1次印刷
书　　号｜ISBN 978-7-5697-2880-4
定　　价｜68.00元

总序

西南大学教育学科源于1906年的川东师范学堂教育科。1950年10月,四川省立教育学院教育系、国立女子师范学院教育系合组为西南师范学院教育系。后四川大学教育系和教育专修科、重庆大学教育系、相辉学院教育系、川东教育学院教育系和公民训育系、昆明师范学院教育系、贵阳师范学院教育系、四川医学院营养保育系等高校的教育类专业又先后并入。1995年成立教育科学学院,2005年改名教育学院。2011年,学校将西南大学教育学院、教育科学研究所、基础教育研究中心、教育部西南基础教育课程研究中心、教师教育管理办公室、高等教育研究所和培训学院的教学科研人员合并组建为西南大学教育学部,成为西南大学重点建设的研究型学部。在教育学科的发展过程中,先后涌现出陈东原、张敷荣、高振业、任宝祥、秦仲实、刘克兰等一大批老一辈教育家以及新一代教育学者。

西南大学教育学科于1981年获得硕士学位授予权,1984年获得博士学位授予权,现拥有"课程与教学论"国家重点学科、教育学一级学科博士学位授权点、博士后科研流动站,有教育部人文社科重点研究基地"西南民族教育与心理研究中心"、教育学领域"职业教育融通与课程教学统整"全国高校黄大年式教师团队、高等学校学科创新引智计划(111计划)"西部儿童与青少年发展阻断贫困代际传递大数据决策系统"、教育部"成渝地区双城经济圈高校智能化教学改革"虚拟教研室、国家2011协同创新平台"中国基础教育质量监测协同创新中心西南大学分中心"、教育部"民族教育发展与高层次人才培养"重点研究基地等国家级、省部级平台与团队近20个。教育学、学前教育、教育技术学、特殊教育4个专业全部获批国家一流本科专业建设点,教育学专业为教育部和财政部联合确定的首批国家级特色专业,学前教育专业入选教育部首批"卓越幼儿园教师培养计划"。

自2022年入选国家"双一流"建设学科、重庆市一流学科(尖峰学科)以来,教育学科以服务国家教育强国战略和成渝地区双城经济圈教育协同发展战略为宗旨,找准国家重大战略需求、科学技术发展前沿、学科优势特色三者的结合点,确立了围绕"三个重大"(重大项目、重要奖项、重点平台)抓"关键性少数"、"三全治理"(全员、全方位、全过程)抓"系统性思维"、"三个一流"(团队、领域、平台)抓"可显性指标"的战略框架,坚持"做有组织的科研、出有领域的成果、建有追求的团队、留有记忆的符号、创有激情的文化、干有温度的事业、过有成就的日子"的七大原则,锚定"四大方向八个领域",组建了教育基本理论与意识(马克思主义教育理论中国化、民族文化与教育特色理论建构)、区域发展与教育(职业教育与区域经济社会发展、乡村振兴与教育阻隔代际贫困传递)、基础教育课程教学与教师教育(中国特色课程教学新发展、教师教育理论体系建构与政策发展)、未来教育与儿童发展(智慧教育和"未来学校"建设、儿童健康教育与脑发育机制)"跨学院"的核心研究团队,建设了"智慧教育与全人发展"首批重庆市哲学社会科学重点实验室(试点)、西部科学城(重庆)西南心理健康大数据中心,创办英文国际期刊 *Future in Educational Research* 和辑刊《未来教育研究》。

本学术文库是西南大学教育学"双一流"学科建设的重要成果,它着眼于教育科技人才一体化推进的国家重大战略,立足世界教育发展与学术研究的基本趋势,聚焦中国教育发展的现实问题,塑造区域教育发展新优势与新领域,通过"跨学科""跨理实""跨区域"的研究视角,质性研究与量化研究相结合的技术路线,扎根中国大地做原创性、系统性、引领性的教育研究,真正把教育研究从西方教育范式和话语体系中解放出来,构建具有中国特色的教育学学科体系、学术体系和话语体系,为加快推进教育现代化战略和建设教育强国战略贡献西南大学教育学科的学术力量。

(西南大学教育学一流学科建设"首席责任专家"、教育学部部长、教育部国家级高层次人才)

2024年6月18日

前言

2001年印发的《国务院关于基础教育改革与发展的决定》指出:"基础教育是科教兴国的奠基工程,对提高中华民族素质、培养各级各类人才,促进社会主义现代化建设具有全局性、基础性和先导性作用。"基础教育改革在当今社会受到高度重视和关注。而在基础教育改革中,课程改革无疑是其中的核心内容,基础教育课程改革的成败不仅关乎我国基础教育的质量,更直接关系到我国社会主义现代化建设和中华民族伟大复兴,对中华民族能否屹立于世界民族之林具有重要的影响。鉴于基础教育课程改革的重要性以及对我国社会主义现代化建设事业的重要意义,我们在基础教育课程改革的过程中,必须确保其成功推进,以应对时代发展的挑战和适应社会主义现代化建设的要求。

体育是我国全面发展教育的重要组成部分,对于儿童青少年身心全面发展具有重要的价值。在我国基础教育课程改革中,中小学体育课程改革是其中一个重要组成部分,并深受不同时期学校体育思想的影响。学校体育思想正确与否、中小学体育课程改革顺利与否,直接关系着学校体育工作的成败,对于人才培养质量和社会主义现代化建设有着重要的影响。

新中国成立以来,我国学校体育思想历经70多年的发展演变,中小学体育课程改革可谓风生水起、持续不断。在新中国70多年的学校体育思想发展和中小学体育课程改革的实践中,我国学校体育工作取得了巨大的成就,积累了许多经验和教训。研究新中国成立以来我国学校体育思想发展和基础教育体育课程改革的历史,总结我国学校体育思想发展的特征与中小学体育课程改革的历史经验和教训无疑是确保今后我国中小学体育课程改革顺利推进、保障我国学校体育事业健康发展的必然要求。一方面,新中国成立70多年来我国学校体育思想发展和中小学体育课程改革积累的无论是成功的经验还是失败的教训,都是宝贵的财富,可以为今天学校体育思想建设和中小学体育课程改革提供历史的借鉴和启示,使改革过程少走弯路、少犯错误。另一方面,由于当前我国学校体育思想建设和中小学体育课程改革正是对新中国成立70多年来形成的学校体育思想和体育课程体系的改革,因此,客观认识和评价新中国成立以来我国的学校体育思想建设和中小学体育课程改革,对于今天的学校体育思想建设和中小学体育课程改革的开展具有直接的意义,有益于当前我国学校体育思想建设和中小学体育课程改革的顺利发展。

由于种种原因,很长一段时间内人们对新中国教育改革历史的研究望而却步,新中国学校体育思想发展和中小学体育课程改革史的研究也有意无意地被研究者所忽视。最近二三十年来,包括学校体育思想发展和中小学体育课程改革史在内的新中国教育史的研究被列入议事日程。在学界同人的努力之下,新中国学校体育思想发展与中小学体育课程改革史的研究取得了一定的成果,一批研究著作对新中国学校体育思想发展和中小学体育课程改革史或多或少地有所涉及。在新中国学校体育思想发展方面,与之直接或间接关涉的图书著作主要有:《中国近现代体育思想及体育教育发展论纲》(程文广,2007)、《中国体育思想史(现代卷)》(傅砚农等,2008)、《中国近现代体育思想的传承与演变》(何叙,2013)、《教育学文集 体育》(瞿葆奎,1988)、《新中国体育指导思想研究》(傅砚农等,2012)、《中国体育思想史》(乔克勤等,1993)、《中国学校体育改革的理论与实践》(杨贵仁,2006)、《中国学校体育思想》(马保生,2019)、《中国现代体育思想史研究》(金光辉,2019)、《中外体育思想教程》(徐莉等,2014),等等。在新中国中小学体育课程改革方面,与之直接或间接关涉的图书著作主要有:《中国现当代体育课程问题史论》(李富菊,2014)、《中国近现代体育课程史论》(王华倬,2004)、《解读中国体育课程与教学改革》(毛振明等,2006)、《新时期我国学校体育改革与发展研究》(杨贵仁,2008)、《学校体育发展史》(毛振明,2009)、《体育教育展望》(季浏等,2001)、《学校体育史》(李晋裕等,2000)、《嬗变与超越——新中国基础教育课程改革史》(彭泽平,2014)、《中华人民共和国体育史(1949—1998)综合卷》(伍绍祖,1999)、《体育史》(谭华,2009)、《中国学校体育改革研究》(赖天德,1993)、《变革与反思——改革开放以来我国基础教育课程改革研究》(彭泽平,2005)、《基础教育体育课程改革》(顾渊彦,2004)、《体育课程热点探索》(余晓东等,2009)、《体育课程与教材新论——面对传统与权威的思索》(毛振明,2001)、《体育教学内容改革与新体育运动项目》(毛振明等,2002)、《中国体育史》(谷世权,1997)、《新中国学校体育50年回顾与展望》(曲宗湖等,2000)、《中小学教育史》(卓晴君等,2000)、《面向21世纪的中国学校体育》(邹继豪等,2000)、《中华人民共和国教育史纲》(方晓东等,2002)、《体育课程的约束力与灵活性》(顾渊彦,2002)、《学校体育教学探索》(周登嵩,2000)、《中国社会主义教育的轨迹》(金一鸣,2000)、《体育课程导论》(邹玉玲等,2005)、《体育课程价值取向论》(蔡欣延,2009)、《体育课程新论》(庞元宁等,2004)、《再说中国体育课程与教学改革》(毛振明等,2007)、《体育课程论》(李艳翎,2006)、《中小学体育课程理念与实施》(李大春,2003)、《体育课程论》(崔伟,2005)、《体育课程改革探索》(王晓东,2006),等等。

除了以上相关论著外,一些相关学术论文对这一主题亦有涉及。如在新中国学校体育思想发展研究方面,有学者认为,新中国学校体育思想的发展先后经历了五个阶段,呈现了由"工具体育"到"生物体育"再到"人文体育"的逻辑发展线索,体现了由"重技能"向"重素质"、由"重竞技"向"重健身"、由"重育体"向"重育人"的意识转换;有的学者提出,新中国学校体育思想发展经历了从单一的生物体育观到二维体育观、三维体育观再到多维体育观的发展历程;有的学者指出,新中国学校体育思想的发展转变本质上是关于学校体育的价值取向是"社会本位"还是"个体本位"的争论;一些学者还总结了新中国学校体育思想发展的阶段特征和规律,提出新中国学校体育思想的发展受当时的社会政治、经济、文化、教育、学生身心发展的特点以及体育学科自身知识体系等因素的制约和影响;有的学者还剖析了当前我国学校体育思想存在的不足和对学校体育思想概念的认识误区,对学校体育功能与目标的认识需进一步完善,以及没有处理好引进与融合、继承与创新的关系等问题。在新中国中小学体育课程发展研究方面,研究者主要从梳理历史沿革、评价反思两方面展开研究。如:有的学者将新中国体育课程的发展与演变分为三代五个时期,强调体育课程发展受国家经济、政治、文化等社会因素的深刻影响与制约,指出社会发展的要求、学生的身心发展特点、体育学科的知识体系等三大要素是影响体育课程发展的外在动力;有的学者总结了新中国中小学体育课程价值取向的嬗变,认为新中国中小学体育课程的价值取向由早期囿于体质教育和技能教育的工具主义的价值观,逐渐转向坚持"健康第一"和培养学生终身体育能力与意识的素质教育价值观;有的学者还总结了新中国学校体育课程改革的经验在于坚持体育课程的社会主义方向、建立统一性与多样性相结合的体育课程管理体制、确立体育课程的基础地位、明确"健康第一"的体育课程指导思想、注重开发体育课程的多种功能、强调课程内容的统一性与灵活性相结合,等等。

  有学者还对我国学校体育思想和中小学体育课程改革的未来发展作出展望。在我国学校体育思想未来发展的展望方面,有学者提出,必须以人文精神引领学校体育思想的变革,真正体现学校体育思想的历史职责和当代价值;有学者认为,学校体育思想体系的确立,既要考虑到社会发展的需要,同时也要考虑到个体发展的需要,并注意处理好引进与融合、创新与继承的关系;有的学者强调,未来我国学校体育思想的发展必须继续以"健康第一"为主导思想,强调终身体育和"以人为本"的原则,进一步关注人的全面发展,要立足本国现实,积极吸收国外先进教育思想和体育教育思想的理论、经验;还有的学者指出,21世纪中国学校体育思想的发展必须与我国国情、社会需要、教育事业发展相适应并协调发展,树立"以人为本"、以"育人"为核心的体育教育思想与理念。在中小学体育课程改革、发展的未来展望方面,有的学者认为,未来我国中小学体育课程必须坚持以学生的发展为中心理念,以现代化的思想、观念、价值来统摄课程编制,更好地解决"社会需求""知识体系""儿童发展"三者之间的关系,使课程系统诸要素在结构性的联系中展现出整体效应;有的学者提出,未来的中小学体育课程应当体现现代化和人文性的融合,以拥有丰富的文化价值为取向;还有学者认为,体育课程改革必须把增强体质与人文关怀的双向融合作为体育课程的重要价值取向,正确认识体质教育、技能教育和"健康第一"在体育课程中的价值。

总体来看,这些成果对于深化、拓展新中国学校体育思想与体育课程发展史的研究无疑有着重要的借鉴和启发价值。但客观来说,目前对这一课题的研究仍有进一步深化的必要和空间:综观目前学术界的已有研究,基本上是将学校体育思想发展与体育课程发展分开进行单独研究,大多局限在对新中国学校体育思想发展或者体育课程发展史本身的研究,缺乏在新中国社会变迁与教育改革的大背景下进行的研究。总之,还需要进行更进一步的深入研究。

出于此种原因,从2010年起,我们便着手对新中国学校体育思想发展与中小学体育课程改革史进行整理并申报相关研究课题。2013年,我们申报的课题"新中国成立以来学校体育思想演变与中小学体育课程改革的历史经验研究"(课题编号:13BTY039)被立项为当年国家社会科学基金一般项目;2018年,我们申报的课题"教育强国战略下基础教育学校建设的伦理诉求与实践路径研究"获批西南大学重大项目培育项目(课题编号:SWU1809012);2022年,我们申报的课题"中国式教育现代化视域下西部民族地区基础教育高质量发展的政策供给研究"(课题编号:SWU2209010)获批西南大学研究阐释党的二十大精神专项重大项目;2023年,我们申报的课题"中国式现代化背景下推进乡村教育高质量发展机制研究"(课题编号:K23YA2020004)获批重庆市教育科学规划2023年度重大课题。这些无疑给了我们极大的鼓舞。现在摆在读者面前的这本著作就是这些课题的研究成果。在撰写最终研究成果的过程中,一些章节的内容被进一步整理、完善成论文,这些也是课题研究成果的一部分。

在课题研究和撰写最终研究成果过程中,自始至终得到了很多学界同人、老师、同事的关心和帮助,我的学生金燕博士(西华师范大学)、曾凡博士(重庆文理学院)、杨启慧硕士(铜仁幼儿师范高等专科学校)、周梦硕士(六盘水师范学院)、曾丽樾硕士(深圳南山区机关幼儿园)、陈芊洁硕士(西华师范大学)、董明月硕士(华中师范大学),博士生邹南芳、胡飞、孙镭笑,硕士生周昕怡、张馨予不同程度参与了这些课题的研究工作,他们或帮助搜集、查询相关史料,或参与校对书稿、核对注释,为此付出了辛苦的劳动。在此特作申明并向他们表示衷心的感谢。在论著出版过程中,责任编辑尹清强付出了艰辛的劳动,他的敬业、专业给我们留下了深刻印象,在此,特向尹老师表示衷心的感谢!

  课题主要根据中华人民共和国成立以来学校体育思想发展和中小学体育课程改革的实际,同时适当参照我国教育改革的整体情况,分阶段对新中国成立以来学校体育思想发展和中小学体育课程改革进行详尽梳理和分析。在课题研究和最终研究成果撰写过程中,我们参阅了学界专家、学者的研究成果,除在书中一一注明外,谨在此一并表示衷心感谢。限于我们的学识、精力,研究成果中定有不少疏漏、不妥之处,敬请广大专家、学者批评指正。

彭泽平

2024 年 12 月 10 日

目录

第一章
新中国成立初期的学校体育思想与中小学体育课程改革（1949—1957）
一、新中国成立初期的学校体育思想 /003
二、新中国成立初期中小学体育课程体系的重构 /010
三、新中国成立初期中小学体育课程改革简评 /024

第二章
社会主义建设探索时期的学校体育思想与中小学体育课程改革（1958—1965）
一、"教育革命"时期的学校体育思想与体育课程改革 /031
二、"调整"时期的学校体育思想与体育课程改革 /039

第三章
"文化大革命"时期的中小学体育课程"革命"（1966—1976）
一、"文化大革命"时期的学校体育思想 /053
二、"文化大革命"时期中小学体育课程的"革命" /055

第四章

历史转变时期的学校体育思想与中小学体育课程改革(1977—1982)

一、历史转变时期的学校体育思想 /063

二、历史转变时期中小学体育课程的恢复与重建 /066

三、历史转变时期中小学体育课程改革简评 /075

第五章

建设有中国特色社会主义时期的学校体育思想与中小学体育课程改革(1983—2000)

一、建设有中国特色社会主义时期的学校体育思想 /080

二、建设有中国特色社会主义时期的中小学体育课程改革 /086

三、建设有中国特色社会主义时期中小学体育课程改革简评 /104

第六章

21世纪以来的学校体育思想与中小学体育课程改革(2001—)

一、世纪之交以来学校体育思想的发展 /111

二、21世纪以来中小学体育课程改革的展开 /115

三、21世纪以来我国中小学体育课程改革简评 /134

第七章

新中国学校体育思想演进特征与中小学体育课程改革的历史经验

一、新中国学校体育思想演变的特征 /145

二、新中国中小学体育课程改革的历史经验 /148

参考文献 /171

第一章 新中国成立初期的学校体育思想与中小学体育课程改革（1949—1957）

新中国成立初期是新中国学校体育思想发展和基础教育体育课程改革的"初开启"时期。这一时期,党和国家根据当时政治、经济、文化建设的需要启动了基础教育课程改革,中小学体育课程改革随之开启。通过改革和建设,新中国初步构建了新的学校体育课程体系与制度,实现了由旧中国半殖民地半封建性质的学校体育到新民主主义学校体育再到社会主义性质学校体育的两度过渡与跨越,为新中国后续阶段中小学体育课程改革奠定了基础,推动了新中国学校体育工作的发展。

一、新中国成立初期的学校体育思想[①]

1.新中国成立以前学校体育思想的简要回顾

新中国成立以前,我国学校体育主要受到两种观念的影响:一是军国民体育思想,二是自然主义体育观。从整体上而言,军国民体育思想主要在五四新文化运动以前起主导作用,在此之后其主导地位则被美国式自然主义体育观所代替。

军国民体育思想流行于清末民初,其形成与近代我国处于列强环伺的危险境地密不可分。军国民体育强调对国民进行尚武精神和一定的军事素质训练,从而实现御侮图强的目的。鸦片战争失败以后,以李鸿章、左宗棠等为代表的洋务派将西方近代体育引入新办西式学堂,开始进行德国式、日本式普通体操和兵士操训练,试图通过"师夷长技以制夷"维护封建统治。然而,甲午中日战争中清政府的失败不仅宣告了洋务运动的破产,更将中国置于列强瓜分的危险境地。由是,为强国保种和救亡图存,以康有为、梁启超、严复为代表的维新派以及以蔡锷、秋瑾、黄兴为代表的革命派,都十分重视体育和尚武精神,提出将体育作为救亡图存和富国强兵的手段。梁启超就将"武力"之培育与养成作为新民必须具备的能力之一。在《新民说·尚武篇》中,他更对"新民"必备尚武精神的原因作了解释:"今日之世界,固所谓'武装和平'之世界也……今日群盗入室,白刃环门,我不一易其文弱之旧习,奋其勇力,以固其国防,则立赢羊于群虎之间,更何术以免其吞噬也。"1902年,蔡锷在《新民丛报》的《军国

[①] 本部分初稿由金燕撰写,特此说明并致谢忱。

民篇》中也提出,凡"军人之智识,军人之精神,军人之本领,不独限之从戎者,凡全国国民皆宜具有之……此日本之所以独获为亚洲之独立国也欤"[①]。黄兴也提出了寓军事教育于学校体育之中的想法,"中学而上,令学兵学二年,俾军事教育普及全国,则不待养兵而全国皆兵矣"[②],"自小学以上,于普通教科中加入军事教育,则国中多一就学儿童,即多一曾受军事教育之国民"[③]。清政府为维护自身统治,也接受了军国民教育的思想主张。1904年颁定的《癸卯学制》全面践行了日本的军国民教育主张,且在1906年将"尚武"列为宗旨之一。在军国民体育思想的影响下,学校普遍开设了体操课,重视和实施普通体操和军事体操。民国以后,军国民体育作为救亡图存的工具价值仍然得到信奉。教育家蔡元培也极力倡导军国民体育,他倡导并施行的"五项教育方针"中的军国民教育即军国民体育。他指出,实施军国民体育之目的有二:一是"强邻交逼,亟图自卫";二是通过全民皆兵的手段抑制军人势力的扩张,也即要"平均其势力"。袁世凯在复辟帝制时期,也将包含"卫身"与"卫国"两项内容的"尚武"列为教育宗旨,旨在推行全民皆兵制和强健国民体魄。然而,随着第一次世界大战中通过军国民体育强国的德国的战败,再加上新文化运动时期西方民主、科学、民本主义思想的纷至沓来,军国民体育因过于强调枯燥和残酷的军事训练,且不合世界局势与民本主义思想而遭受诟病。1922年新学制废除了军国民体育。军国民体育虽被废除,但学校体育目标、教育内容与教育形式却仍然遗留有军国民体育的思想痕迹。五卅惨案后,特别是随着日本侵华战争爆发,军国民体育再度兴起,在学校教育中发挥了重要的作用。

军国民体育思想的发展始终与近代中国救亡图存的使命相伴相随。军国民体育所强调的"尚武"精神被引入学校体育教学中,不仅有助于强健国民体魄,使中国人民摘下"东亚病夫"的帽子,同时也为中国革命培养了一支战斗力十足的后备军,推进了中国实现"御侮图强"民族使命的进程。

但随着西方教育思想传入中国以及五四新文化运动的深刻影响,以社会需要为本位的军国民体育招致民主人士特别是留美归国人士的批判,他们主

---

① 陈晴.清末民初新式体育的传入与嬗变[M].武汉:华中师范大学出版社,2007:120.
② 湖南省社会科学院.黄兴集[M].北京:中华书局,2011:295-296.
③ 湖南省社会科学院.黄兴集[M].北京:中华书局,2011:450.

张在学校教育中推行美国式自然主义体育。20世纪20年代传入我国的自然主义体育观,以美国机能心理学和杜威实用主义教育思想为理论基础,特别是充分吸收了杜威的实用主义教育理念。首先,自然主义体育强调"体育即教育",体育是教育的手段。学校实施体育的主要目的在于"通过身体的运动来教育人,附带地增强他们肌肉的力量,其目的是在社会中的一个人,而不是他的肌肉"[1]。强调体育主要是为了促进人的发展,而身体发展仅是个人发展的一个方面。由此可以看出,自然主义体育观下的体育超出了单纯的生物体训练的范畴而具有了教育学上的意义。其次,自然主义体育观强调"体育即生活",体育是生活的重要组成部分。学校实施体育的重要目的是培养学生的生活技巧、生活情趣与生活态度,使学生掌握未来完满生活所必需的生活经验与习惯。它表明,体育从根本上而言是一种生活方式。因此,自然主义体育观认为:体育应该以儿童的兴趣和意愿为出发点,在对儿童的身体教育中充分发展儿童的个性,促进儿童身心全面发展。

在自然主义体育观传入我国的过程中,基于当时中国特殊的社会环境和时代背景,一批留美学者对自然主义体育观进行了中国化的改造。如留美学者方万邦就根据当时中国社会的现实需要,主张赋予体育教育功能,特别是寓道德教育、情感教育于体育当中,"培养普遍的态度"[2]。时任南开大学校长的张伯苓也主张通过体育教育来培育团结互助、合作之精神。自然主义体育观的传播,深刻地影响了20世纪二三十年代学校体育的发展。无论是当时壬戌学制在体育课程目标方面的规定,还是之后颁发的几个课程标准对体育课程的规定都充分体现了这一认识和精神。

总之,美国式自然主义体育观强调以学生身体训练为中心,充分尊重学生的兴趣,对于清除军国民体育中糅杂的封建性、残酷性和枯燥性的弊端具有积极的意义。

2.新中国成立初期学校体育思想的形成

新中国成立初期,为建立与社会主义政权性质相适应的中小学体育课程体系,我国开始批判民国时期旧的学校体育课程体系,并吸收和继承解放区与

---

[1] 王华倬.中国近现代体育课程史论[M].北京:高等教育出版社,2004:122.
[2] 国家体委体育文史工作委员会.中国近代体育文选[M].北京:人民体育出版社,1992:256.

革命根据地体育教育经验。与此同时,作为新生的社会主义国家,我国遭受了来自以英美为代表的资本主义国家的经济封锁和政治打压。为保护新生的社会主义政权,我国加入社会主义阵营,开始向苏联学习社会主义建设经验。在文教事业发展方面,我国也开始全面引进苏联教育思想。在学校体育思想建设方面,大力推进"破"与"立"两方面的工作。

所谓"破",就是批判和改造旧社会学校体育思想。为建立与新中国政权性质相适应的体育思想,国民党统治时期的旧体育思想因不符合新中国人民根本利益而遭到了批判。早在1949年10月27日,朱德在中华全国体育总会筹备委员会成立大会上就指出:"体育是文化教育工作的一部分","现在我们的体育事业,一定要为人民服务"。[①]新中国体育专家也对旧学校体育进行了批判。他们在揭示美国体育本质及其与旧体育之间的关系的同时,还对国民党统治下的学校体育性质进行了揭露。如时任中华全国体育总会筹备委员会主任的冯文斌在《新民主主义的国民体育》中提出,"国民党反动派把体育为少数人服务,供少数人玩赏,同广大人民脱离"。马约翰指出,"过去的体育,是为体育而体育,实则是为少数人服务的。新民主主义的国民体育是为广大人民的健康,新民主主义的建设与人民的国防而服务的,这是新体育不可变移的方针"[②]。中华全国体育总会筹备委员会副主任徐英超在1950年发表的《论改造旧体育的两个问题》一文中也对旧体育的反动性、少数性与剥削性进行了批判,提出旧体育从本质上来讲,是服务大地主、大资产阶级的,是反动的和为少数人服务的。旧体育与新中国社会主义性质根本背离,新中国体育建设必须彻底清除旧体育的毒瘤。

而所谓"立",就是在批判旧社会学校体育思想的基础之上,继承解放区和根据地体育思想以及全面引进苏联学校体育发展经验,形成指导新中国成立初期学校体育事业发展的新体育观念。在缺乏社会主义建设经验的情况下,老一辈无产阶级革命家与早期学校体育工作者根据自己的理论和实践探索,形成了服务人民、国家的学校体育思想,打造了新中国学校体育思想的"精气神"。

---

① 体育文史资料编审委员会.体育史料 第9辑[M].北京:人民体育出版社,1983:2.
② 马约翰.我们对体育应有的认识[J].新体育,1950创刊号:18.

early在土地革命时期，毛泽东就提出了"人民性体育""革命性体育"的思想。他认为，革命战争的胜利必须依靠群众，这不仅仅是社会现实决定的，也是由中国共产党的性质所决定的。因此，在苏区，"工农及其子女享有教育的优先权"[①]。"锻炼工农阶级铁的筋骨，战胜一切敌人"[②]是苏区体育工作的方针，强调苏维埃时期体育教育的人民性。体育教育不仅是为了增强工农体魄，更是为了启发工农的革命觉悟，使其具备阶级斗争的体格。

1949年9月，中国人民政治协商会议通过了《中国人民政治协商会议共同纲领》。《中国人民政治协商会议共同纲领》规定："中华人民共和国的文化教育为新民主主义的，即民族的、科学的、大众的文化教育。人民政府的文化教育工作，应以提高人民文化水平，培养国家建设人才……发展为人民服务的思想为主要任务。"《中国人民政治协商会议共同纲领》规定的"文化教育政策"既规定了新教育的性质，也体现了新中国成立初期文化教育政策对革命根据地、解放区文化教育政策的继承与发展。与此同时，《中国人民政治协商会议共同纲领》又提出要"提倡国民体育"。毛泽东也十分关注新中国体育事业，尤其是青少年身体的健康发展。1950年6月19日，针对学生健康状况不佳的问题，毛泽东致信教育部部长马叙伦，提出"要各校注意健康第一，学习第二"[③]。1951年1月15日，毛泽东再度致信强调"健康第一，学习第二"方针的正确性。[④]在随后的两年时间里，毛泽东又先后发出"发展体育运动，增强人民体质"[⑤]和"三好"（即身体好、学习好、工作好）的号召，多次强调增进体质、保障身体健康的重要性，体现了老一辈革命家对青年一代的关心、爱护。毛泽东对学校教育工作尤其是学校体育工作的这些重要指示，事实上亦成为当时全国教育工作指导方针的一部分，对当时学校体育工作产生了直接而巨大的影响。如教育部部长马叙伦在1951年教育工作的方针中就提出，要"采取切实有效的步骤，贯彻毛主席'健康第一'的方针，增进学生健康"[⑥]。除此之外，新中国第

---

① 傅砚农,曹守和,赵玉梅,等.中国体育思想史(现代卷)[M].北京:首都师范大学出版社,2008:5.
② 傅砚农,曹守和,赵玉梅,等.中国体育思想史(现代卷)[M].北京:首都师范大学出版社,2008:6.
③ 中国教育年鉴编辑部.中国教育年鉴1949—1981[M].北京:中国大百科全书出版社,1984:161.
④ 王华倬.中国近代体育课程史论[M].北京:高等教育出版社,2004:134.
⑤ 伍绍祖.毛泽东与体育文集[M].成都:四川教育出版社,1994:5.
⑥ 何东昌.中华人民共和国重要教育文献(1949—1975)[M].海口:海南出版社,1998:93.

一代体育工作者也就新中国体育事业发展进行了讨论。如冯文彬在《新民主主义的国民体育》中指出,"新的体育方针,就是新民主主义的,也就是民族的、科学的、大众的",我们的体育要"为人民服务,使体育成为人民的体育运动"[①]。

《中国人民政治协商会议共同纲领》对新教育性质的规定以及以毛泽东为代表的党的第一代领导集体的有关谈话,充分揭示了新教育的性质、目的,确立了新中国体育教育的性质与发展方向。对于民族的、科学的、大众的新体育而言,其服务对象是广大的人民群众,必须赋予人民群众接受体育教育的权利,并以丰富多样的体育形式和体育内容充分保障人民群众的体育权利,帮助他们提高身体素质。因此,新中国成立初期建设的"新体育",就是要推动体育运动普及于人民群众当中,为社会主义建设事业和国防事业提供保障。[②]而要发展与普及体育运动就必须做好以下三方面的工作:一是开展多种多样的体育运动而不仅限于一般的田径、球类等,需开展"国术、打拳、劈刀、刺枪、骑马、舞蹈等",同时"必须根据年岁、性别、职业来规定体育活动的内容";二是创造新的体育形式,"对于团体操、集体舞蹈,表现战争、劳动及有教育意义的体育运动,都需要好好地提倡和发扬";三是"必须学习苏联及新民主主义国家的各种体育运动的丰富内容和宝贵经验"。[③]在体育专家、学者的积极宣传之下,形成了"人民体育"以及普及人民体育运动的思想。

苏联体育以服务大众、社会生产建设、保卫祖国和世界和平为旨归,在本质上也具有工农性、大众性的特点。苏联体育模式不仅从工具性和阶级性方面强调了体育的国家性与人民性,同时将体育视为发展社会主义的有效手段。随着新中国成立初期学习苏联教育经验运动的蓬勃开展,我国开始通过翻译、介绍苏联的体育著作等多种方式和途径学习苏联学校体育经验。除引进苏联的学校体育教学原则、方法、原理之外,还特别重视在学校体育中进行思想品德教育,传授体育知识,不断强化体育的社会工具价值。由此,新中国初期的学校体育特别注重培养学生的运动素质,强调教学过程的组织性和纪律性。特别是引入了"劳卫制"(全称为"准备劳动与保卫祖国体育制度"),提倡"劳动

---

① 体育文史资料编审委员会.体育史料 第9辑[M].北京:人民体育出版社,1983:3.
② 傅砚农,曹守和,赵玉梅,等.中国体育思想史(现代卷)[M].北京:首都师范大学出版社,2008:32.
③ 体育文史资料编审委员会.体育史料 第9辑[M].北京:人民体育出版社,1983:3.

卫国"。1954年5月,《准备劳动与卫国体育制度暂行条例》正式颁发。作为我国体育制度的基础,"劳卫制"实行的根本目的在于对人民大众进行全面的体育教育,使人民群众在掌握运动技能的同时强健体魄。"劳卫制"将我国体育运动发展分为三个等级:预备级、"劳卫制"第一级和"劳卫制"第二级。预备级作为奠定"劳卫制"推行的准备条件,其任务在于组织人民群众进行经常的体育锻炼;"劳卫制"第一级则是在预备级基础之上划定了统一的既定项目、标准,对全体民众开展体育教育与训练;"劳卫制"第二级的实施则是为了巩固"劳卫制"第一级成果,并在此基础之上进行提高。[①]由此可以看出,苏联模式下的体育教学强调"达标",呈现出以掌握运动技术为主,通过学习技术掌握技能来提高身体素质的特点。这对于新中国成立初期我国通过运动技术教学提高学生身体素质以及促进竞技体育的发展具有重要的作用。

除此之外,"新体育"也吸收了自然主义体育的合理因素。如吸收了自然主义体育所强调的"身心和谐发展"观念,特别是继承并发展了自然主义体育所强调的体育教育功能,用于培养学生的集体主义观念、纪律和思想品质。1949年10月中华全国体育总会筹备大会的主报告,"整整用了三分之一以上的篇幅讨论体育工作中的思想教育问题"[②]。1954年1月,中共中央批转的中央人民政府体育运动委员会党组关于加强人民体育运动工作的报告再次强调体育的共产主义教育功能。由此,体育界不仅掀起了学习马列主义、毛泽东思想的高潮,同时还组织并开展了批判资产阶级思想的活动,在广大体育人员中进行了一场意义深远的体育思想道德教育。

总之,新中国成立初期我国体育事业发展的中心是建立人民民主专政的体育事业,强调体育要为人民服务、为新中国生产建设服务。通过清扫旧体育中杂糅的阶级性、剥削性和压迫性,继承旧体育教育中的合理成分,吸收和推

---

① 1954年1月,中共中央批转的中央人民政府体育运动委员会党组关于加强人民体育运动工作的报告对"劳卫制"推行进行了部署。同年5月,《准备劳动与卫国体育制度暂行条例》正式公布;同时,国家体委等六部门联合下达了《关于在中等以上学校中开展群众性体育运动的联合指示》,强调"劳卫制"是我国向劳动人民进行全民体育教育的基本制度。根据1955年年底的统计,"劳卫制"在全国中等以上学校得到普遍实施,有300多万人经常参加锻炼,70多万人达到各级标准。参见李晋裕,滕子敬,李永亮.学校体育史[M].海口:海南出版社,2000:33-34;刘英杰.中国教育大事典(1949—1990)[M].杭州:浙江教育出版社,1993:666.

② 汪智.20世纪的中国·体育卫生卷[M].兰州:甘肃人民出版社,2000:154.

广根据地与解放区体育教育经验,以及大力引进苏联体育教育理念、制度,新中国成立初期我国形成了融"人民体育""增强人民体质""体育服务于政治"等体育观念为一体的"新体育"思想。"新体育"思想特别强调体育的社会工具价值导向,强调学校体育注重体育知识、技能教学以及思想政治教育功能的发挥,促成了学校体育开始从"为体育而体育""单纯技术观点""凭兴趣出发"向增进学生健康、全面发展学生身体、为生产劳动和国防建设服务的观念转向。这种认识转换,为新中国成立初期学校体育的发展提供了认识基础和思想武器。

二、新中国成立初期中小学体育课程体系的重构[①]

1. 新中国成立初期中小学体育课程改革的指导方针

新中国成立初期的学校体育课程改革,深受这一时期党和国家总的文化教育工作方针和政策的指导与影响。《中国人民政治协商会议共同纲领》明确提出:"中华人民共和国的文化教育为新民主主义的,即民族的、科学的、大众的文化教育。"要求人民政府应有计划有步骤地改革旧的教育制度、教育内容和教学方法,强调"提倡国民体育"。1949年底召开的第一次全国教育工作会议根据《中国人民政治协商会议共同纲领》的精神,确立了坚持教育为工农服务、为生产建设服务的全国教育工作的总方针(教育工作的发展方针是普及与提高相结合),强调新中国教育建设在继承老解放区教育经验、吸收旧教育经验的同时必须借鉴苏联先进教育经验。[②]会议还提出:对旧教育制度的改革,应积累经验,逐步进行,不能性急。必须经过不断改革、积累比较成熟的经验之后才能有比较全盘的改革。《中国人民政治协商会议共同纲领》和第一次全

[①] 本部分经整理修改后发表。见彭泽平,李钰涵."传统"的初建——新中国成立初期中小学体育课程改革的历史考察[J].成都体育学院学报,2020(5):82-85.

[②] 对苏联体育先进经验的学习是当时学习苏联教育先进经验的重要内容之一。1950年8—11月,中国访苏代表团一行12人在中华体育总会筹备委员会副主任徐英超带领下对苏联学校体育、体育运动组织领导、干部训练等进行了全面考察,回国后他们详尽介绍了苏联各级学校体育组织领导、体育课程设置、师资培养等方面的经验,对新中国成立初期我国学校体育改造与发展起到了积极作用。参见李晋裕、滕子敬、李永亮.学校体育史[M].海口:海南出版社,2000:9;徐英超.苏联体育的几点介绍[J].新体育,1951(1):14.

国教育工作会议提出的文化教育方针,为新中国成立之初包括基础教育课程改革在内的整个教育发展和建设指明了方向,对新中国成立初期的教育事业发展起到了重要的指导作用。

为落实党中央制定的文化教育方针,1951年,教育部召开了全国中等教育会议以及全国初等教育与师范教育会议,规定了普通中小学的宗旨和任务。1951年3月19日,全国中等教育会议开幕并提出:普通中学"在小学教育基础上给青少年以普通教育,使他们全面发展具备应有的各项基本知识,打下将来升学或参加各项建设工作的良好基础"[1]。普通中学培养出来的学生,既要有健康的身体和文化科学基础知识,更重要的是还要有爱国主义思想。普通中学的宗旨在于"必须符合全面发展的原则,使青年一代在智育、德育、体育、美育各方面获得全面发展,成为新民主主义社会自觉的积极的成员"[2]。1951年8月底在北京开幕的第一次全国初等教育与师范教育会议明确指出:"初等教育是人民的基础教育,提高人民文化水平,培养国家建设人才,均有赖于这个基础。"[3]强调小学教育应该给小学生以全面的基础教育,实施智、德、体、美全面发展的教育。不但使儿童具有读、写、算的基本能力以及社会自然的基本知识,具有爱国思想、国民公德,以及诚实、勇敢、团结、互助、遵守纪律等精神;而且要使儿童具有强健的身体、愉快的心情,以及卫生基本知识和习惯;具有爱美的观念和欣赏艺术的兴趣。[4]"使他们成为新民主主义社会热爱祖国与人民的积极的和自觉的成员。"[5]1952年3月18日,教育部颁发《小学暂行规程(草案)》《中学暂行规程(草案)》,再次强调了在中等教育会议和全国初等教育与师范教育会议上分别确定的普通中、小学的宗旨和性质。如强调小学教育的宗旨在于给儿童以全面的基础教育,使他们成为新民主主义社会热爱中国和人民的、自觉的、积极的成员。小学教育必须智育、德育、体育、美育全面并举。在智育方面,应使儿童具有读、写、算的基本能力和社会、自然的基本知识;在德育方面,应使儿童具有爱国思想、国民公德和诚实、勇敢、团结、互助,遵守纪

---

[1] 何东昌.中华人民共和国重要教育文献(1949—1975)[M].海口:海南出版社,1998:83.
[2] 何东昌.中华人民共和国重要教育文献(1949—1975)[M].海口:海南出版社,1998:87.
[3] 何东昌.中华人民共和国重要教育文献(1949—1975)[M].海口:海南出版社,1998:108.
[4] 何东昌.中华人民共和国重要教育文献(1949—1975)[M].海口:海南出版社,1998:110.
[5] 何东昌.中华人民共和国重要教育文献(1949—1975)[M].海口:海南出版社,1998:110.

律等优良品质;在体育方面,应使儿童具有强健的身体,活泼、愉快的心情以及卫生的基本知识和习惯;在美育方面,则应使儿童具有爱美的观念和欣赏艺术的初步能力。[①]新中国成立之初这两个重要会议和两个暂行规程(草案)对普通中小学性质、任务和培养目标的具体规定,都十分强调中小学学生在德、智、体、美等方面全面发展,在办学性质上强调了小学的基础教育性质和中学承担的任务,这些规定对新中国成立初期我国基础教育体育课程改革起到了直接的规范和指导作用。

1953年,党中央提出了过渡时期的总路线。总路线明确了基本实现国家工业化和对农业、手工业和资本主义工商业的社会主义改造的任务和目标。根据党中央提出的过渡时期的总路线,1953年,国家制订了第一个五年计划,开始推进大规模的经济建设和三大改造,新中国开始由新民主主义向社会主义过渡。为了使共和国教育更好地为国民经济建设和社会主义改造服务,并实现自身由新民主主义教育向社会主义教育过渡,党和国家从以下方面规定了基础教育改革与发展的方针,为中小学体育课程改革指明了方向。

第一,根据新形势的需要,党和国家重新确定了中小学教育的性质和任务。1953年11月26日,政务院通过了关于整顿和改进小学教育的指示,该指示明确指出:"小学教育是整个教育建设的基础。它的任务是教育新后代,使之成为新中国的健全的公民。""小学教育,是人民的基础教育。今后在相当长的时期内,小学学生毕业后,主要是参加劳动生产,升学的还只能是一部分。"在中学方面,1954年1月,教育部召开的全国中等教育会议指出:"当前中学教育的任务,是以国家过渡时期的总路线的精神教育学生,培养他们成为积极参加社会主义建设的全面发展的人,使他们在思想政治、文化科学、身体健康等方面为升学或参加劳动生产作好准备。"同年3月15日教育部向全国文化教育工作会议提交的报告《1954年的方针任务》指出:"中、小学校必须继续贯彻全面发展的教育。"[②]4月印发的《政务院关于改进和发展中学教育的指示》提出:中学教育的目的在于将学生培养成为社会主义社会全面发展的成员。中学不仅承担为高等学校提供合格生源的任务,还要为国家生产建设提供新生力量。

[①] 何东昌.中华人民共和国重要教育文献(1949—1975)[M].海口:海南出版社,1998:142.
[②] 刘英杰.中国教育大事典(1949—1990)[M].杭州:浙江教育出版社,1993:3.

因此,中学毕业生,除部分根据国家需要升学外,大部分应该积极从事工农业生产劳动或其他建设工作。从这些对中小学性质和任务的规定来看,很明显,为国家经济建设服务的使命得到了重点强调。

第二,制定了以提高教育质量为目的,以学习苏联经验为途径,以改进教学内容为中心的教育改革的基本方针。从1953年起,党和国家发布了一系列文件,强调将提高教育质量作为基础教育工作的中心任务。在提高教育质量的途径方面,则强调向苏联学习,重点推进课程改革。如1954年1月教育部召开的全国中学教育会议指出,为了适应国家过渡时期的总路线的要求,为了切实地实现中学校的教育目标,完成培养全面发展的新人的任务,今后中学教育必须从我国实际情况出发,吸取苏联中学教育的先进经验,加强思想政治教育,继续稳步改进教学,加强体育和卫生工作,努力提高教师质量并改进学校领导工作,以提高中学教育质量。"过去几年的经验告诉我们:教学改革应以教学内容的改革为中心,相应地改革教学方法。因此,今后中学的教学改革,仍应抓紧这个中心环节。"[1]同年4月政务院发布的《政务院关于改进和发展中学教育的指示》明确规定当时中学教育的工作方针是:按照国家过渡时期的总任务,在整顿巩固的基础上,根据需要与可能,作有计划有重点的发展,并积极地稳步地提高中学教育的质量。改进中学的教学工作,必须学习和吸收苏联的先进教育理论与教育经验。学习苏联的先进经验,要注意领会其实质,善于把它和中国的实际情况结合起来。要求有计划地修订中学教学计划,修改教学大纲和教科书……强调这是提高学校教育质量的一项最基本的工作。1955年1月《人民教育》发表的社论再次强调为了提高教育质量,必须根据我国实际情况,吸收苏联先进经验,改进教学,提高教学质量。首先要抓紧修改教学计划和教学大纲,改编教科书和编辑教授书,以改变过去在这方面存在的缺点,适应社会主义教育的要求。[2]同年5月召开的全国文化教育工作会议上再次强调中小学教育必须全面贯彻全面发展的方针并将编辑、修改中小学教材作为中心任务之一。总的来看,中小学性质和任务的重定以及以苏联为师将课程改革作为重点的改革方针的确立,在全局上规定了基础教育改革与发展的方向,

---

[1] 何东昌.中华人民共和国重要教育文献(1949—1975)[M].海口:海南出版社,1998:279.
[2] 何东昌.中华人民共和国重要教育文献(1949—1975)[M].海口:海南出版社,1998:415.

为中小学体育课程改革指明了方向,凸显了体育课程改革在这一时期基础教育改革中的地位。

第三,明确提出了社会主义时期的教育方针,为学校体育工作的开展指明了方向。1957年2月,在《关于正确处理人民内部矛盾的问题》的报告中毛泽东提出:"我们的教育方针,应该使受教育者在德育、智育、体育几方面都得到发展,成为有社会主义觉悟的有文化的劳动者。"这一教育方针明确了体育是全面发展教育的当然构成,凸显了体育在学校教育中的地位,强调培养有社会主义觉悟的有文化的劳动者是学校体育的最终目标和归宿。它的提出不仅为我国学校教育事业的发展指明了根本方向,也为社会主义时期学校体育工作指明了方向,为我国中小学体育课程改革提供了根本指针。

与此同时,新中国成立初期中央有关部门、党和国家领导人对中小学体育卫生工作的有关指示也为当时学校体育工作包括中小学体育课程建设指明了方向。如:1951年5月教育部部长马叙伦所做的《关于1950年全国教育工作总结和1951年全国教育工作的方针和任务的报告》、8月政务院颁发的《关于改善各级学校学生健康状况的决定》[1]、1954年2月21日周恩来在政务会议上的讲话[2]、5月六部委联合颁发的《关于在中等以上学校开展群众性体育运动的联合指示》[3]、6月教育部等部委联合发出的《关于开展学校保健工作的联合指示》[4]、9月通过的《中华人民共和国宪法》[5]均对学校体育、卫生保健工作以及学生健康问题提出重要指示。1955年2月、5月教育部先后公布的《小学生守则》和《中学生守则》均规定要做到身体好、功课好、品行好。这些规定和要求充分体现了党和国家对学校体育卫生工作地位的重视和对身体健康重要性的强调,对新中国学校体育卫生工作的开展以及体育课程改革均有重大影响。[6]

---

[1] 何东昌.中华人民共和国重要教育文献(1949—1975)[M].海口:海南出版社,1998:100.
[2] 刘英杰.中国教育大事典(1949—1990)[M].杭州:浙江教育出版社,1993:3.
[3] 何东昌.中华人民共和国重要教育文献(1949—1975)[M].海口:海南出版社,1998:100.
[4] 何东昌.中华人民共和国重要教育文献(1949—1975)[M].海口:海南出版社,1998:100.
[5] 李晋裕,滕子敬,李永亮.学校体育史[M].海口:海南出版社,2000:7
[6] 新中国成立初期中小学的课程改革还受到了当时学制改革的影响。新中国成立时,我国中小学沿用六三三制,即小学六年,初、高中各三年;小学分初、高两个阶段,采用四二分段。1951年10月1日,政务院正式颁布新学制。新学制规定小学实施五年一贯制,取消初、高两级的分段制。中学的修业年限为六年,分初、高两级。修业年限各为三年,均得单独设立,教学内容则采取一贯制的精神,同时照顾到分段的需要。新学制的颁布与实施,对新中国成立初期中小学体育课程改革产生了直接影响。

2.新中国成立初期中小学体育课程改革的展开

(1)中小学体育课程的设置

小学方面：1952年教育部颁发的《小学暂行规程(草案)》规定：全国五年一贯制小学开设语文、算术、自然(在四、五年级开设)、历史(在四、五年级开设)、地理(在四、五年级开设)、体育、图画和音乐课程。体育课程在所有年级开设，小学五年体育课程总数为304课时，占全部课程时数的6.1%；具体年级分布为一、二、三年级每周2课时，四、五年级每周1课时。对于实施"四二"制的小学，其课程则按教育部1952年2月颁发的《"四二"旧制小学暂行教学计划》实施。根据《"四二"旧制小学暂行教学计划》，"四二"制小学开设语文、算术、地理(在第五、六学年开设)、自然(在第五、六学年开设)、历史(在第五、六学年开设)、体育、音乐、美工(包括图画和劳作，可改设单独的图画科，或分为图画、劳作两科)课程。体育课程在小学一到六年级按每周2课时开设。1953年8月，由于小学五年一贯制调整为"四二"制，教育部颁发了《小学(四二制)教学计划(草案)》，对1952年颁布的小学"四二"制教学计划进行了修订，规定六年制小学开设8门课程，小学六年体育总课时为380课时，占全部课时总数的6.4%。体育课周课时安排为小学一、二年级每周开设1课时，三、四、五、六年级每周开设2课时，体育课程的总课时数位于全部课程的第三位(和音乐同)。该教学计划还规定了每周集体活动时间表，规定了小学低段、中段、高段课外活动的时间(分别为180、240、300分钟)，要求在课外活动中安排体育游戏活动、劳作活动与小组学习。[①]1954年2月，教育部又印发《关于颁发小学"四二制"教学计划(修订草案)的通知》，主要对上年颁布的小学"四二"制教学计划中的"附注"和"说明"作了一些修改，要求课外活动中的体育游戏活动"以每天一次为原则"。体育游戏活动必须估计儿童的年龄特征和体力、能力。[②]对小学体育课程的其他相关规定未变。1955年9月，教育部颁发了《小学教学计划》与《关于小学课外活动的规定》。在新的教学计划中，小学开设9门课程，总课时为5032课时，

---

① 课程教材研究所.20世纪中国中小学课程标准·教学大纲汇编 课程(教学)计划卷[M].北京：人民教育出版社，2001：213-214.

② 课程教材研究所.20世纪中国中小学课程标准·教学大纲汇编 课程(教学)计划卷[M].北京：人民教育出版社，2001：223-226.

小学一、二年级的体育的周课时有所增加，由每周1课时增加为2课时（体育课一至六年级每周均为2课时），同时加强了课外活动中的体育锻炼。体育课程总课时由380课时增加到408课时，课时数位居全部课程的第三位，体育课总课时占全部课时总数的8.1%。在编排每周上课时间表方面，《小学教学计划》强调各科每周上课时间安排要以均匀分配为原则，在体育课的分配上要每隔三天1次。每天上课时间的安排，要将课堂作业较难、课外作业较多的学科排在第一、二节，体育等课堂作业较易、课外作业较少或者没有的学科排在午前末一节或者午后，尽可能做到相互调节。明确提出除了从第五学年起作文两节得连排以外，其余均不得两节连排。该教学计划体现了开始实施基本生产技术教育（即综合技术教育）和加强劳动教育与体育的新精神。在小学课外活动方面，《关于小学课外活动的规定》要求：小学每周集体活动时间课前操（或课间操）和清洁检查共90分钟；课外集体活动每周共120~140分钟（一般小学、中心小学和高级小学原则上每天都应当进行）。课外集体活动中的"体育锻炼"分小组进行，每组每周活动2~3次。课前操（或课间操），原则上以少年儿童广播体操为教材。[1]1957年7月11日，教育部公布了《1957—1958学年度小学教学计划》，规定小学体育课程总课时数为408课时，体育课一、二、三、四、五、六年级每周均为2课时，体育课程课时总数在所有课程中排在第三位。[2]自此，小学（六年制）体育课每周2课时趋于稳定。

中学课程设置方面：1950年8月教育部颁发的《中学暂行教学计划（草案）》规定：初中开设政治、语文、数学、化学、外语、体育、音乐等12门课程；高中开设政治、语文、数学、生物（第一学年开设）、化学（第二、三学年开设）、物理（第二、三学年开设）、体育、制图（第二、三学年开设）等13门课程。初中一、二、三年级

---

[1] 1956年，教育部又发布了《关于改进小学体育工作的指示》，对进一步改进课外、校外体育活动提出要求。提出课外体育活动是学校体育工作的一部分，课外体育活动的组织可以分为体育小组和运动小组两种。体育小组以班为单位，活动内容以体育课所学过的教材内容为主，可以适当增添一些适合儿童年龄及身体运动水平的其他运动项目和游戏。运动小组以五、六年级学生为主，自愿参加，活动的内容除体育课的教材内容外，还学习某一种适合小学生的运动，如小橡皮球、小足球、小篮球、乒乓球、体操、田径、舞蹈等。参加运动小组的学生不再参加体育小组。参见刘英杰.中国教育大事典（1949—1990）[M].杭州：浙江教育出版社，1993：665.

[2] 课程教材研究所.20世纪中国中小学课程标准·教学大纲汇编 课程（教学）计划卷[M].北京：人民教育出版社，2001：250-251.

体育课每周开设2课时，初中体育课程总课时为240课时；高中体育课一、二、三年级每周均开设2课时，高中体育课程总课时为240课时。1952年3月，教育部印发了《中学暂行规程(草案)》，规定初中开设语文、数学、物理(第二、三学年开设)、化学(第二、三学年开设)、生物、地理、历史、外语、中国革命常识(第三学年开设)、时事政策、体育、音乐、美术等共13门课程；高中开设语文、物理、化学、数学、生物、地理、历史、社会科学基础知识、共同纲领、时事政策、外语、体育、制图等共13门课程。体育课程初中一、二、三年级每周均设2课时，初中体育课程总课时为216课时；高中体育课高一、高二、高三每周均设2课时，高中体育课程总课时为216课时。1953年7月，教育部颁发了《中学教学计划(修订草案)》以及《试行中学教学计划(修订草案)的调整办法》，规定初中开设语文、中国革命常识、外国语、体育、音乐、图画等13门课程；高中开设语文、生物(人体解剖生理学、达尔文主义基础)、历史(世界近代史、中国近代史)、地理(世界经济地理、中国经济地理)、社会科学基本知识、共同纲领、外国语、体育、制图等12门课程。在体育课程开设上，初中和高中体育课程所有年级课时均为2课时(单位课时45分钟)，初、高中体育课程总课时同为214课时，均占总课时的6.38%。1954年7月，教育部又颁发了《1954—1955学年度中学各年级各学科授课时数表》，规定初中开设语文、卫生常识、历史(中国古代史、世界古代史)、地理(自然地理、世界地理)、中国革命常识、体育、音乐、图画等12门课程；高中开设语文、生物(达尔文主义基础)、历史(中国近代史、世界近代史)、地理(外国经济地理)、社会科学基本知识、政治常识、外国语、体育、制图等12门课程。初中和高中所有年级体育课程周课时均为2课时(单位课时60分钟)，初中和高中体育课程总课时同为214课时(单位课时60分钟)。在此后颁发的《1955—1956学年度中学授课时数表》(1955年6月)、《1956—1957学年度中学授课时数表》(1956年3月)、《1957—1958学年度中学教学计划》(1957年6月)三个方案中，虽然课时总数、课程设置有一定的调整和变化，但体育课程从初一到高三周课时均稳定在2课时(1957—1958学年度中学教学计划每节课授课时间为45分钟)。1957年7月，教育部印发《关于"1957—1958学年度中学教学计划"的补充通知》，强调在卫生常识科取消后，应在体育课中加强卫生教育。①

新中国成立初期中小学教学计划的颁布以及对体育课程设置的规定,不仅确立了共和国基础教育课程体系的基本模式,统一了全国基础教育课程的设置,加强了对各地基础教育课程的规范,也统一了中小学体育课程的设置和规范,使各地中小学体育课程设置和时间安排有章可循,迅速结束了各地中小学体育课程设置的混乱局面,对当时中小学体育课程教学质量的提高起到了积极的作用。

(2)中小学体育课程标准与教学大纲的颁布

新中国成立初期,与中小学教学计划的制定和颁布相对应,教育部同时还制定和颁布了中小学体育课程的课程标准与教学大纲。

小学方面：新中国成立之初没有全国统一的小学体育教学大纲和教材。1950年8月,教育部研制并颁发了《小学体育课程暂行标准(草案)》,对小学体育课程教学目标、各年级教材、教材编写要点、教学方法要点、教学设备要点进行了规定。该标准提出,小学体育教学目标在于:"培养儿童健康知能、健美体格,以打好为人民、为国家的建设战斗而服务的体力基础";"培养儿童游戏、舞蹈、体操等运动兴趣和习惯,以发展身心,并充实康乐生活";"培养儿童国民公德和活泼、敏捷、勇敢,遵守纪律,团结、友爱等的品质,以加强爱国主义思想和集体主义精神"。②体现了当时国家教育总目标在体育教育方面的要求,符合小学生身心发展的实际和特点,为小学体育工作指明了方向。

经过一段时间的准备,从1952年开始,国家开始启动全国统一的中小学体育教学大纲及通用教材的编订工作。1954年11月,教育部组建了体育教材编辑组,作为编订全国统一中小学体育教学大纲的机构。1956年3月,教育部颁布新中国成立以来我国第一套全国通用小学体育教学大纲——《小学体育教学大纲(草案)》。该大纲强调了小学体育在小学全面发展教育中的重要性和意义,指出小学体育教育的目的在于"促进少年儿童成为全面发展的新人,为

---

① 课程教材研究所.20世纪中国中小学课程标准·教学大纲汇编 课程(教学)计划卷[M].北京:人民教育出版社,2001:257.
② 课程教材研究所.20世纪中国中小学课程标准·教学大纲汇编 体育卷[M].北京:人民教育出版社,2001:32.

将来参加建设社会主义社会和保卫祖国做好准备"[1]。提出小学体育教育的基本任务是:"促使儿童正在成长的身体获得正常的发育,锻炼他们的体格,增进他们的健康;教给儿童教学大纲中所规定的基本体操和游戏的技能,使他们能把这些技能应用到日常生活中去;发展他们身体的素质(灵敏、迅速和有力量);培养儿童勇敢、活泼、积极、主动、互助友爱和坚韧的精神;培养他们的组织性和纪律性;培养儿童个人卫生和公共卫生的习惯;培养儿童对体操和游戏的爱好和经常自觉地参加的习惯。"[2]除此之外,大纲还对小学低、中、高段作为教育手段和教材内容的基本体操和游戏的上课时数进行了分配,在课时分配上,游戏的分量随年级的升高不断减少;基本体操则正好相反,随年级的升高逐渐增多。

中学方面:在新中国成立之初缺乏全国通用体育教学大纲,各地基本处于"放羊式"状态。从1950年开始,我国东北一些地区开始学习苏联中小学体育大纲,或开始制订中学体育教学大纲。如:旅顺中学于1950年开始翻译苏联中小学体育教材大纲,大连市制定了中学体育教学大纲。1951年,东北师范大学体育系相关专家又组织翻译了苏联十年制学校体育教学大纲以及《体育教学法》、《体育教育理论》([苏]库库什金主编)等体育教育教学方面的相关著作。[3] 1951—1953年,教育部组织翻译了苏联中小学、师范学校与高等学校体育教学大纲,并下发各省市要求各地组织体育教师学习。

经过一段时间的积累和准备,1956年5月,教育部公布了以苏联中学体育教学大纲为"蓝本"制定的新中国首套全国通用的中学体育教学大纲——《中学体育教学大纲(草案)》。该大纲强调了中学体育在中学全面发展教育中的重要性和价值,提出中学体育教育的目的在于"培养学生成为全面发展的社会主义社会的建设者和保卫者"[4]。指出中学体育教育的基本任务是:"锻炼身

---

[1] 课程教材研究所.20世纪中国中小学课程标准·教学大纲汇编 体育卷[M].北京:人民教育出版社,2001:37.

[2] 课程教材研究所.20世纪中国中小学课程标准·教学大纲汇编 体育卷[M].北京:人民教育出版社,2001:37.

[3] 李晋裕,滕子敬,李永亮.学校体育史[M].海口:海南出版社,2000:20.

[4] 课程教材研究所.20世纪中国中小学课程标准·教学大纲汇编 体育卷[M].北京:人民教育出版社,2001:459.

体,增进健康,促进身体的正常发育;教授学生本大纲中所规定的体操、游戏和各种主要竞技运动的知识与技能,并在教学过程中发展学生身体的素质(灵敏、迅速、力量和耐久力等);培养学生具有爱国主义思想、爱好劳动、集体主义精神、自觉的纪律及坚毅、勇敢、机敏、乐观等共产主义的品质;学校体育教育必须和卫生结合,逐渐养成学生在学习、生活和工作中个人与公共卫生的习惯;培养学生爱好体操、游戏、竞技运动的兴趣和经常自觉参加锻炼身体的习惯。"[1]并对作为基本教材和体育教育手段的体操、田径、游戏在初、高中各年级的教学时数进行了分配。[2]

新中国成立初期颁布的这些中小学体育课程标准、教学大纲,强调增强学生体质、保障学生身体健康,使学生掌握体育知识与技能,重视培养学生良好的运动兴趣、卫生习惯及优良品质,培养学生的爱国主义思想和集体主义精神。尽管一定程度上存在结合国情不周、部分具体内容脱离学生实际的弊端(如要求初中生、高中生一般都要分别达到劳卫制预备级、一级的标准要求),但它使我国中小学体育课程教学有了明确的统一规范,对当时体育课程教学质量的提高乃至学校体育工作的进步起到了积极的作用。

(3)中小学体育教材和教法的改革

在小学教材、教学方面:根据1950年8月颁布的《小学体育课程暂行标准(草案)》的规定,小学体育教材包含游戏、技巧运动、整队和步伐、体操、舞蹈、球类运动、田径运动等七方面内容。该标准指出:条件具备的学校,五年级可加拳术。课余活动时可进行水上或冰上运动。远足、登山在有严密的安全组织下也可就环境条件采用。在教材选编方面,该标准提出了切合儿童身心的发育程度、凸显思想教育意义、尊重儿童的兴趣、适当地联系其他学科、注意采取儿童天真生动的活动等要求。[3]在体育教学和考核方面,该标准提出了充分考虑儿童实际、注意儿童活动的机会均等、关注全体儿童秩序的掌握、考虑男

---

[1] 课程教材研究所.20世纪中国中小学课程标准·教学大纲汇编 体育卷[M].北京:人民教育出版社,2001:459.
[2] 课程教材研究所.20世纪中国中小学课程标准·教学大纲汇编 体育卷[M].北京:人民教育出版社,2001:460.
[3] 课程教材研究所.20世纪中国中小学课程标准·教学大纲汇编 体育卷[M].北京:人民教育出版社,2001:35-36.

女生性别差异、教师以身作则地多做示范、注意保护学生安全、注意体育考核的全面性等要求。为保障体育教学顺利进行，在教学设备方面，该标准还就体育场地、场所以及相关体育设备提出要求，如：教材纲要中所列运动所需设备应尽量设置并应符合儿童标准；课余运动的设备质地要结实，数量要多，教师要随时检查以策安全；各学校根据实际有计划地逐步添置各项教学设备。[1]从该标准规定的教材编写要点、教学方法要点、教学设备要点来看，该标准比较注重全面性、基础性、实用性，关注儿童的健康和性别差异，比较符合儿童年龄阶段的特点。

1956年颁布的《小学体育教学大纲（草案）》中，提出小学体育教材"根据小学学龄儿童（七到十二岁）的年龄特征，由浅到深，按年级逐年重复提高而编排"[2]。小学低段的一、二年级教材包括队列练习和体操队形练习的基本动作、一般发展和准备的练习、走和跑、跳跃、投掷、攀登、平衡和游戏；中段的三、四年级在深化低段的各项作业外增添了搬运重物的练习，小学高段的五、六年级则在加深中段三、四年级的作业外，添加了翻滚的练习。[3]小学体育课的教学，强调一般应在室外运动场进行，由于气候原因不能在室外上课时，可在室内上课，没有条件在室内上课的学校，应当在教室中讲授儿童所能接受的体育卫生常识和做室内游戏，不得随意停止体育课或改上其他课程。没有场地或者场地小的学校，应尽可能地利用院子和校外附近的空地，并要求学生在家里做在体育课中学会的体育活动。在卫生医疗方面有条件的学校，每年要对学生进行一至二次身体发育情况的检查或健康检查。气候特别寒冷的地区，教育厅（局）可以根据大纲精神编订统一的补充教材。民族地区的教育厅（局），可适当增添一些适合儿童年龄特征的民族体育活动的教材。该大纲还规定：小学学生尤其是一、二年级的学生，在上其他课业时，必须注意进行课中操，以消除学生长时间静坐产生的疲劳现象，课间休息时，要鼓励学生进行体育活动或者

---

[1] 课程教材研究所.20世纪中国中小学课程标准·教学大纲汇编 体育卷[M].北京：人民教育出版社，2001：35-36.

[2] 课程教材研究所.20世纪中国中小学课程标准·教学大纲汇编 体育卷[M].北京：人民教育出版社，2001：37.

[3] 课程教材研究所.20世纪中国中小学课程标准·教学大纲汇编 体育卷[M].北京：人民教育出版社，2001：37-38.

游戏。①

中学方面:1956年颁发的《中学体育教学大纲(草案)》将中学体育教材分为基本教材和补充教材两部分,基本教材有体操、田径、游戏,补充教材有滑雪、滑冰、游泳,建议有条件的学校可采用。应用这些补充教材时对教学时数要求是:滑冰、滑雪以十小时,游泳以八小时为原则。各年级教材,包括队列练习和体操队形练习、一般发展和准备的练习、悬垂、支撑、攀登、爬越、平衡、技巧练习、搬运重物、走、跑、跳跃、投掷、游戏等类。该大纲指出:体操、田径、游戏对于高中学生具有同等重要的意义,"但高中教材较着重于竞技运动",顾及女生生理上的原因,"初、高中女生的悬垂、支撑、高处跳下、耐久跑等教材,均予以适当地减少或降低要求,相应地增加了舞蹈和平衡教材的分量"。②在中学体育教学方面,该大纲强调体育课是学校体育教育的基本组织形式,在教学中教师要将各个教材有机配合,在教学中运用适当的教学方法。为了使学生牢固掌握规定内容,建议教师适当地给学生布置课外作业,并注意课堂上检查。③该大纲还要求在体育课中,教师要根据学生年龄特征围绕各年级大纲的内容,给学生讲授学校体育教育方面的制度、锻炼身体的科学方法、身体良好姿势的形成、身体健康和发育情况的自我检查方法、个人卫生和公共卫生等方面的基本知识。④学校体育课教学,要求尽量在室外进行,并且注意场地设备的清洁卫生和安全;确因气候原因不适合室外教学的,可改在室内进行。

从新中国成立初期中小学体育课程标准、教学大纲对体育教材内容以及教学方法的规定不难看出,它们深受当时学校体育思想的影响,深深嵌上苏联的烙印。在教材内容上强调了基础性、实用性、针对性和灵活性;在教学方法方面充分考虑了学生的身心发展特点,体现了一定的科学性。

在中小学体育教材具体建设方面,在新中国成立后前三年的国民经济恢

---

① 课程教材研究所.20世纪中国中小学课程标准·教学大纲汇编 体育卷[M].北京:人民教育出版社,2001:38.

② 课程教材研究所.20世纪中国中小学课程标准·教学大纲汇编 体育卷[M].北京:人民教育出版社,2001:460.

③ 课程教材研究所.20世纪中国中小学课程标准·教学大纲汇编 体育卷[M].北京:人民教育出版社,2001:460.

④ 课程教材研究所.20世纪中国中小学课程标准·教学大纲汇编 体育卷[M].北京:人民教育出版社,2001:461.

复时期，北京、天津、上海以及东北等一些地方在学习苏联中小学体育教学大纲之后，就开始编写教材，先后编出了中小学体育教学参考资料和临时体育教材。主要有：《实用体育教材》（新华书店东北总分店，1950年出版）、《北京市小学体育教材参考资料》（北京市小学体育教师学习会编，大众书店1951—1953年陆续出版，包括游戏教材、田径教材、球类教材、技巧教材、舞蹈教材、徒手体操及队列解说教材共6册）。1952年暑假，学习会又编写了"新编北京市五年一贯制体育教材参考资料"（即北京大众出版社1955年出版的《北京市小学体育试用教材》）。1953—1954年，东北行政委员会教育局编写了《小学体育临时教材》（1—5年级用，东北人民出版社出版）。1954年在全国推行"劳卫制"之后，1954—1955年间，全国又陆陆续续出版了《东北区初级中学体育试用教材》《东北区高级中学体育试用教材》（东北行政委员会体育运动委员会编，东北人民出版社，1954年出版）、《中学体育游戏》（余子箴编撰，新鲁书店，1954年出版）、《学校体操教材选集》（[苏]契尔内士著，许快雪译，人民体育出版社，1954年出版）、《苏联初中体育教学参考书》（[苏]鲁吉克主编，张蓝田译，人民体育出版社，1955年出版）、《北京市中学体育教学参考资料》（北京中小学教学参考资料编辑委员会编，人民体育出版社，1955年出版）、《苏联高中体育教学参考书》（[苏]切列甫科夫著，张蓝田译，人民体育出版社，1955年出版），等等。东北人民出版社出版的《东北区初级中学体育试用教材》《东北区高级中学体育使用教材》由教育部推荐全国选用，是新中国成立后第一部初中和高中的体育教材。1956年中小学体育教学大纲颁发之后，编写出版的教材有《中学体育课室内教材》（湖北省教育厅体保科编，1957年出版）、《初中游戏》（[苏]雅柯夫列夫著，廖淑静译，人民教育出版社，1957年出版）、《中学体育教学参考书》（人民教育出版社，1957年出版）和《小学体育教学参考书》（人民教育出版社，1956年出版）。其中，《中学体育教学参考书》《小学体育教学参考书》系人民教育出版社为贯彻新大纲要求，总结了我国解放后各地自编教材的经验并参照苏联十年制体育教材而编写的，阐明了中小学体育教学原则和教学法原理、体育课的类型和结构、体育课的组织和分组教学、体育课成绩考核和五级登分法，是新中国成立后出版的第一套比较全面的体育教材教法的参考书。[1]这些教材的试行、采

---

① 李晋裕,滕子敬,李永亮.学校体育史[M].海口：海南出版社,2000：57.

用对提高中小学体育课程教学质量发挥了积极的作用,同时也为新中国后来的体育教材建设奠定了良好的基础。

在教学方法方面,此时期体育教学方法改革的一个重要内容就是加强了对苏联体育教育教学理念与方法的学习,借以提高教师体育教学和教育工作的水平,推动广大教师的思想改造。在体育课程教学方面,体育教育理论、体育教学法等方面的苏联体育教育著作被翻译介绍到国内,促进了我国中小学体育教师教育教学观念的更新,尤其是苏联体育课的四段教学法,在体育课教学实践中被广泛接受和应用,在当时产生了很大的影响。

四段教学方法曾在东北师范大学和中国人民大学等高校试行并获得了良好的效果。1954年苏联体育理论专家凯里舍夫在中央体育学院讲学时,对苏联中小学体育课的四部分结构(开始部分、准备部分、基本部分、结束部分)以及用于提高运动技巧水平的三部分课(准备部分、基本部分、结束部分)进行了系统介绍。1955年11月东北师范大学教材科印刷厂出版的被译为中文的库库什金主编的《体育教育理论》又系统介绍了四部分课及三部分课的任务、内容、组织、方法,[1]苏联学校体育四段教学方法逐渐在全国传播开来,被广为应用,成为当时中小学体育教学的一种基本方法。实事求是地看,对苏联体育教育理论、教学方法的学习对当时建立教育、教学的正常秩序,克服学校教育教学中存在的忙乱现象,提高教育教学质量起到了积极的作用。新中国成立初期中小学体育教材及教法的改革,对提高当时中小学体育教育质量起到了重要的促进作用。

三、新中国成立初期中小学体育课程改革简评

新中国成立初期,我国实现了从半殖民地半封建社会到新民主主义社会再到社会主义社会的伟大跨越,完成了向新民主主义和社会主义的两次重大过渡。在中小学体育课程改革方面,为了服务于新中国成立之初国民经济的恢复以及1953年后全国大规模的经济建设和对农业、手工业、资本主义工商业的社会主义改造,我国中小学体育课程经过多次改革,初步建立了社会主义性

---

[1] 李晋裕,滕子敬,李永亮.学校体育史[M].海口:海南出版社,2000:26.

质的体育课程体系,推动了我国学校体育从半殖民地半封建性质向社会主义性质的重大跨越,为后续阶段的课程改革以及学校体育发展奠定了良好的基础。

首先,规范、统一了全国中小学体育课程的设置,增加了中小学体育课程的教学时数,保障了体育课程在中小学课程体系中的应有地位。小学方面,《小学暂行规程(草案)》规定全国五年一贯制小学体育课在一至三年级每周开设2课时,四至五年级每周开设1课时;未实施五年一贯制的"四二"制小学,按教育部1952年2月颁发的《"四二"旧制小学暂行教学计划》开设体育课程,一到六年级每周均开设2课时。1953年颁发的《小学(四二制)教学计划(草案)》规定一、二年级体育课每周开设1课时,三至六年级每周2课时;1955年9月颁布的新的《小学教学计划》和1957年7月教育部公布的《1957—1958学年度小学教学计划》均规定体育课从小学一年级到六年级每周均为2课时,小学体育课程课时得到一定增加,自此,小学(六年制)体育课每周2课时的安排基本成型。中学方面,《中学暂行教学计划(草案)》(1950年)、《中学暂行规程(草案)》(1952年)、《中学教学计划》(修订草案)(1953年)、《1954—1955学年度中学各年级各学科授课时数表》(1954年)、《1955—1956学年度中学授课时数表》(1955年)、《1956—1957学年度中学授课时数表》(1956年)、《1957—1958学年度中学教学计划》(1957年)均统一规定初中体育课每周2课时,高中体育课每周2课时。新中国成立初期中小学体育课程设置的规定,结束了基础教育体育课程设置的混乱现象,保障了体育课程在中小学课程体系中的地位,对于新中国成立初期中小学体育课程的规范、提高体育课程教学质量和促进学生的健康发展均起到了积极的作用。

其次,在教学大纲和教材方面,国家在吸收解放区和根据地教育经验、继承旧教育中的合理成分、学习借鉴苏联教育经验的基础上,研制了全国统一的中小学体育教学大纲,并据此编制了中小学体育教学参考书以及相关教材,初步形成了新中国比较全面的中小学体育课程教材体系。这一时期,教育部先后研制、颁发了《小学体育课程暂行标准(草案)》《小学体育教学大纲(草案)》和《中学体育教学大纲(草案)》,统一了中小学体育教学的要求,这些教学大纲的颁布和实施,使当时我国中小学体育课有了统一的规范,有助于学校体育教育质量的提高。

再次,初步构建了较为系统的中小学体育教学方法体系。新中国成立初期颁发的《小学体育课程暂行标准(草案)》《小学体育教学大纲(草案)》《中学体育教学大纲(草案)》对体育课的教学组织和教学方法进行了一系列的规定和要求,强调启发儿童青少年的积极性、自觉性,注重体育教学的可接受性、系统性、巩固性和安全性,注重课堂和教师的重要性,这无疑反映了学校体育教学的基本规律。在教学方法方面,通过对苏联体育教育经验的学习,开始重视教师、教材、课堂,注重基础知识与技能的掌握与形成,注重直观教学和实践环节,强调根据理论与实际相结合以求学生全面发展的体育课程实施传统,有力地规范了中小学体育教学的实施。总体来看,这一时期我国中小学体育课程改革对我国当时基础教育办学质量的提高、学生的身体健康与全面发展起到了积极的作用。

当然,不得不说的是,这一时期我国中小学体育课程改革也存在一些问题。从学校体育课程改革的价值取向来看,这一时期课程改革主要是从阶级性和工具性的角度来审视学校体育的发展以及社会功能,强调学校体育课程的国家性、人民性和统一性并明确指出学校体育是进行共产主义教育的重要手段,以推行和贯彻"劳卫制"为特色,以学生的体质发展为目标,注重运动技术、技能传授。[1]从此期三个体育教学大纲(标准)对中小学体育教育目的的规定看,相对而言,过于重视和强调学校体育目的的国家性、阶级性、工具性,更注重体育课程为生产劳动和国防建设服务,在体育课程改革的价值定位上,更多追求将学生培养成为全面发展的社会主义社会的建设者和保卫者的社会、工具价值。对学校体育服务学生个体需要、身体健康、个性发展的"为人性"重视不足。[2]在体育课程管理上过于强调国家集中统一管理,多样性与灵活性不足。在重视对苏联体育教育先进经验的学习上,体现出对其他国家体育教育

---

[1] 陈玉忠,等.建国以来我国学校体育价值取向的阶段特征及未来走向研究[M]//杨贵仁.新时期我国学校体育改革与发展研究.北京:北京体育大学出版社,2008:218.
[2] 潘瑞成.道德哲学与精神哲学:中国学校体育教育思想的历史考察与演变范式[J].西安体育学院学报,2018(3):379-384.

经验缺乏关注并一定程度存在结合国情不周、生搬硬套、脱离我国学生实际的问题(如学习苏联的"劳卫制")。在1949年至1957年这几年,国家先后颁布了五个小学教学计划、七个中学教学计划,制定了两个小学体育教学大纲或课程标准,一个中学体育教学大纲,发布了20余个相关通知或规定,在反映党和国家对学校体育课程建设工作重视的同时,也导致了一线中小学体育工作者面对频繁的调整和变化难以适应。另外,还存在体育课程过于统一等不足。但不可否认新中国成立初期的中小学体育课程改革,推动了我国中小学体育课程由半殖民地半封建性质向新民主主义性质再到社会主义性质的重大跨越,为新中国学校体育建设奠定了良好的基础。

第二章

社会主义建设探索时期的学校体育思想与中小学体育课程改革(1958—1965)

合 格

检验员

1958年到1965年是新中国探索社会主义建设道路的时期,同时也是新中国教育史上独立自主探索中国社会主义教育发展道路的时期。在学校体育思想和中小学体育课程改革和建设方面,我国学校体育思想和中小学体育课程在前一阶段改革的基础上进行了大胆的实践和探索,既取得了一定的成绩,进行了一些富有新意的探索,但同时由于受到"左"的错误指导思想的影响与冲击,也产生了一定的偏差。

一、"教育革命"时期的学校体育思想与体育课程改革

1. "教育革命"的发起

随着社会主义改造基本完成和社会主义制度基本建立,新中国进入全面建设社会主义的新时期。由于模仿苏联的教育模式的弊端逐渐显露,党中央不得不重新审视苏联经验,确立了以苏为戒,重新探索出一条适合中国国情的社会主义建设道路的思想。1956年4月25日,毛泽东在中共中央政治局扩大会议上作了《论十大关系》的讲话,明确提出了探索适合中国国情的社会主义建设道路的任务。随后,又在5月2日最高国务会议上作了进一步阐述。党的八大的召开,确立了我国社会的主要矛盾是人民对于经济文化迅速发展的需要同当前经济文化不能满足人民需要的状况之间的矛盾,其实质就是先进的社会主义制度同落后的社会生产力之间的矛盾,党的八大明确提出了在新的生产关系下保护和发展生产力的正确方针。在文化教育方面,党的八大提出必须大力发展文化教育事业。发展科学、高等教育和中等教育,发展科学研究,实现我国科技的大力发展;在保障质量的同时,增加学生数量;坚持"百花齐放、百家争鸣"的方针,以促进科学和艺术的繁荣。总之,八大确立了党的正确的行动路线,对党和国家的转移工作重点的决策是具有重大意义的。然而,到了1957年以后,情况开始发生了变化。

1958年9月19日,中共中央、国务院发布了《关于教育工作的指示》,提出"党的教育工作方针,是教育为无产阶级的政治服务,教育与生产劳动结合",要求"必须在继续进行经济战线、政治战线和思想战线上的社会主义革命的同时,积极地进行技术革命和文化革命","教育革命"在全国各地轰轰烈烈

展开。①

2."教育革命"时期的学校体育思想

新中国成立初期,我国学校体育思想一方面继承了新中国成立前党领导下的解放区和革命根据地的学校体育为阶级斗争和革命斗争服务的思想,另一方面又深受苏联传入的体育教育思想的影响,初步形成了相对完整的学校体育思想体系。新中国成立初期的学校体育思想体系强调体育为人民大众服务,注重增强人民体质,学校体育高度关注广大儿童青少年的身体健康,强调学校体育对学生的身体健康的重要功能;强调学校体育为生产建设和国防建设服务,主要从"阶级性""工具性"定位学校体育的社会功能,在建立学校体育制度上强调统一性;②在学校体育目的上强调体育是实施共产主义教育的重要手段,在学校体育教学过程中重视运动知识、运动技能技巧的传授,将学校体育视为全面发展教育的重要组成部分;等等。新中国成立初期的学校体育思想虽对世界其他国家的学校体育思想关注不足,呈现出相对封闭的状态,但对新中国成立初期我国学校体育工作的方方面面产生了重要影响,为新中国成立初期我国中小学体育课程改革提供了认识基础。

1957年后,我国学校体育思想力图突破"苏联模式"实现本土化。1957年2月,毛泽东在《关于正确处理人民内部矛盾的问题》中提出:"我们的教育方针,应该使受教育者在德育、智育、体育几方面都得到发展,成为有社会主义觉悟的有文化的劳动者。"毛泽东明确提出学校体育是全面发展教育的重要组成部分,应充分重视学校体育的重要地位。但是,由于受到"教育革命""教育大跃进"的冲击和"左"的错误指导思想的影响,我国学校体育思想出现了偏差,中小学体育课程改革也随之偏离了正常的轨道。

---

① "教育革命"的主要内容:一是实施教育与生产劳动相结合;二是贯彻"两条腿走路"的方针,加快教育事业的发展步伐;三是加强学校的思想政治教育和教师的思想改造;四是开展学制和教学改革试验;五是下放教育事业管理权力。

② 强调学校体育目的、内容和组织形式等各方面都要服从阶级、社会的利益;在学校体育制度建立原则上,强调要有统一的国家管理和领导机关来保证统一的工作方针和内容;要求学校进行体育教育的各环节实行统一性、衔接性,强调统一的目的任务、教学大纲、劳卫制和运动等级制等。参见陈融.新中国学校体育思想50年发展历程及其历史启示[M]//曲宗湖,刘绍曾,邢文华.新中国学校体育50年回顾与展望.北京:北京体育大学出版社,2000:35.

在"教育革命"时期,学校体育领域也出现了"大跃进"的思想,以1958年"大跃进"为中心,受"左"的错误思想的影响,出现了"以军训代替体育""以劳动代替体育""'四红'运动"等错误思想(其核心价值观实际上是否定体育)。1958年2月,国家体委召开全国体育工作会议。会议制定了《体育运动十年发展纲要》,提出了大力开展群众性体育运动,"要求10年内4000万人达到劳卫制标准,800万人达到等级运动员标准,出现5000个运动健将"[1]。1958年9月,国家体委又对《体育运动十年发展纲要》提出的指标作了修改,制定了《体育运动十年规划》,对高中和初中劳卫制达标和等级运动员达标提出要求。如高中劳卫制达标的要求是:一类高中(约占高中数的20%)现有毕业生的80%达到一级标准,1959年时,毕业生全部达到一级;二类高中(约占高中数的50%)现有毕业生的55%达到一级标准,1959年时,毕业生全部达到一级;三类高中(约占高中数的30%)现有毕业生的25%达到一级标准,1960年时,毕业生全部达到一级。初中劳卫制达标的要求是:一类初中(约占初中数的20%)现有毕业生的70%达到少年级标准,1959年时,毕业生全部达到少年级标准;二类初中(约占初中数的50%)现有毕业生的50%达到少年级标准,1959年时,毕业生全部达到少年级标准;三类初中(约占初中数的30%)现有毕业生的20%达到少年级标准,1960年时,毕业生全部达到少年级标准。[2]在体育领域"大放卫星"之下,为完成所谓高指标,催生了"四红"运动。1958年9月中共中央、国务院颁发的《关于教育工作的指示》指出:"党的教育工作方针,是教育为无产阶级的政治服务,教育与生产劳动结合。为实现这个方针,教育工作必须由党来领导。"但由于"左"的错误思想影响,对"教育与生产劳动结合"的理解非常狭隘,把劳动、劳动教育、教育三者简单画等号,例如有人提出"学校就是工厂,工厂就是学校",大力宣传"车间是最好的课堂,田间是最好的课堂",[3]要求教育回到劳动中去,错误地主张"劳动代替教育""劳动代替体育"。有人甚至提出将社会上的"学习"二字消灭掉,用"劳动"二字代替,主张"可以去掉'学校'的名称",

---

[1] 伍绍祖.中华人民共和国体育史(1949—1998)综合卷[M].北京:中国书籍出版社,1999:100.
[2] 傅砚农,曹守和,赵玉梅,等.中国体育思想史(现代卷)[M].北京:首都师范大学出版社,2008:72-73.
[3] 郭齐家.中华人民共和国教育法全书[M].北京:北京广播学院出版社,1995:796.

改称"新生一代成长之家"或"新生一代劳动生产园地",因为"劳动"二字包括了任何生产和任何学习的涵义。"'四红'运动"(盲目追求高体能指标)、"以劳动代替体育"、"以军训代替体育"思想的出现,严重违背了教育规律,对于当时的学校体育工作以及体育课程改革产生了极大的负面影响。

3."教育革命"对中小学体育课程的冲击

1957年2月,毛泽东发表《关于正确处理人民内部矛盾的问题》的报告,在报告中提出社会主义时期的教育方针,强调"应该使受教育者在德育、智育、体育几方面都得到发展,成为有社会主义觉悟的有文化的劳动者"。为贯彻这一教育方针,教育部于1958年3月颁发了《1958—1959学年度中学教学计划》[①],该教学计划除了要求加强劳动教育外,还强调改进外语学科教学、调整部分学科教学安排并在部分学科中增加乡土教材的要求。该教学计划规定:中学开设语文、数学、历史、社会主义教育、地理、生物、物理、化学、生产劳动(每周2学时)、外国语(仅在高中开设)、体育、音乐(仅在初中开设)、图画(仅在初中开设)、体力劳动(全学年14~28天)、参观(全学年6天)课程。中学六年均设体育必修课,每周2学时,每年体育总课时数为404学时,在13门课程(不含体力劳动和参观)中,体育总课时与社会主义教育、生产劳动总课时并列排在第六位。从整体来看,尽管此中学教学计划有一定的不足与局限,但基本上是符合当时的实际的。

"教育革命"在全国各地轰轰烈烈掀起之后,由于"左"的错误指导思想的干扰,中小学体育教育事业遭受了巨大的影响和冲击。

首先,盲目追求普及"四红""双红"的高指标。

早在1956年时,在体育工作中搞"大跃进"的端倪就已经开始出现。在1956年召开的全国体育工作会议上,就提出了"两三年内在若干项目上分别接近或赶上世界水平"[②]的目标。1958年2月制定的《体育运动十年发展纲要》中

---

① 该教学计划的制定原则是:(1)初中各年级每周教学总时数最高不超过30小时,高中各年级最高不超过31小时;(2)保证语文和数学两科有充分的教学时数;(3)不减少物理和化学两科的教学时数;(4)适当减少历史和地理两科的教学时数;(5)注意各科之间的联系和互相配合。参见课程教材研究所.20世纪中国中小学课程标准·教学大纲汇编 课程(教学)计划卷[M].北京:人民教育出版社,2001:260.
② 伍绍祖.中华人民共和国体育史(1949—1998)综合卷[M].北京:中国书籍出版社,1999:100.

还规定了体育发展的主要指标，"10年内4000万人达到劳卫制标准，800万人达到等级运动员标准，出现5000个运动健将"①。同年10月，国家体委、教育部又提出"年底以前，在中学实现除病残外100%的学生分别达到'劳卫制'一级、二级、等级运动员和普通射手的标准（即'四红'）"，"在小学中实现除病残外100%的学生分别达到'劳卫制'少年级和少年级运动员的标准（即'双红'）"。明确要求："在12月底以前，全国基本上普及'四红'，在'四红'的基础上培养三级运动员多面手，全面进行锻炼，进而培养二级运动员，并产生一级运动员和运动健将，为大放'卫星'打下基础。"②在"左"的思想影响下，各省、市、县不顾具体实际情况推进达成"四红""双红"标准，搞短期突击性"四红""双红"达标，违背了学校体育和身体锻炼的客观规律。如为了达到"四红"，有的地方学校搞突击夜战，学生白天上课瞌睡，影响了学习；有的追求数字，限期通过，用各种办法使体育基础差的学生在短时间内勉强达到标准；很多地方组织锻炼，采用了累计成绩的比赛办法，将个人或单位锻炼的总成绩逐日登记下来，在限期内达到总成绩，就给予一定的奖励。于是，很多人搞突击训练，有的学生早上4点就起床跑步，男生有一天跑16000米的，女生有一天跑9900米的。有的学生将饭带到了操场上，跑饿了就吃，吃完了马上又接着跑，严重影响了学生的身心健康。③由于盲目追求"四红""双红"的高指标，严重影响了中小学体育课程教学的正常开展，干扰了正常的体育课程教学秩序，给中小学的学校体育工作带来了极大的危害。

其次，以"劳动"和"军训"代替体育。

教育部于1958年3月下发《关于1958—1959学年度中学教学计划的通知》，指出劳动教育对办好社会主义学校和提高社会主义学校教育质量具有重要意义。通知列出了一系列中学阶段进行劳动教育的方式：（1）让学生有计划地参加体力劳动；（2）在中学增设生产劳动课；（3）增加学科劳动教育的相关内容，密切结合生产劳动实际。为了达成劳动教育的目标，通知建议：中学与附近的合作社或工厂签订合同，组织学生参加生产劳动。有土地的学校设置实

---

① 伍绍祖.中华人民共和国体育史（1949—1998）综合卷[M].北京：中国书籍出版社，1999：100.
② 李晋裕，滕子敬，李永亮.学校体育史[M].海口：海南出版社，2000：58-59.
③ 傅砚农，曹守和，赵玉梅，等.中国体育思想史（现代卷）[M].北京：首都师范大学出版社，2008：76.

验田,没有土地的学校组织学生去附近农村参与生产劳动。农村学生应当利用假日回家参与生产劳动。在《1958—1959学年度中学教学计划》中,生产劳动课被列为正式课程,初中和高中各年级每周设2课时,此外还要求每个学生每学年参加14~28天的体力劳动。随着这个教学计划的颁发和执行,各地中学都把生产劳动列为正式课程,各地中小学普遍开展起勤工俭学活动和各项服务性劳动,掀起了兴办工厂、农场和下厂、下乡劳动的热潮。1958年9月,中共中央、国务院发出了《关于教育工作的指示》,提出"教育与生产劳动结合",要求所有学校把生产劳动作为正式课程开展,每位学生都要参加。为了实施教育与生产劳动相结合,全国各地中小学纷纷加强了进行生产劳动的要求,其中不少中小学还因地制宜创办了各种大大小小的车间、作坊、校办工厂、农场和实验园地,为学生参加生产劳动和实行教育与生产劳动相结合提供基地。从9月份开始,全国大、中、小学教职工和小学高年级以上的学生纷纷投入大炼钢铁和秋收、深翻土地的劳动中。由于这一时期受到"左"的错误思想的影响,中小学的劳动时间远远超过教学计划规定的限度和标准,甚至很多地方出现停课以从事生产劳动、以劳动取代课程教学从而导致正常教学秩序被打乱并危害学生身体健康的情况,中小学体育课程教学被劳动所取代得不到正常开设。为了纠正这些偏向,中共中央于1958年12月22日批转教育部党组《关于教育问题的几个建议》,提出全日制学校教育与生产劳动时间的安排:全日制小学学生从9岁开始,参加一些力所能及的劳动,一般每周劳动时间为4小时,最多不超过6小时,每次劳动不超过2小时;全日制中学,一般初中生每周劳动6小时,最多不超过8小时,每次劳动不超过3小时;高中生每周劳动8小时,最多不超过10小时,一次劳动不超过4小时。同时强调,中小学教师的主要任务是教学,参加体力劳动完全必要,但时间不宜过多,要以不妨碍教学为原则。1959年5月,国务院又发布了《关于全日制学校的教学、劳动和生活安排的规定》,重申了《关于教育问题的几个建议》中提出的劳动时间安排,规定小学每年教学时间为39~40周,普通中学为37~40周,并强调要保证学生每天的睡眠时间,小学生9~10小时,中学生8~9小时。这些建议和规定对规范各地中小学实行教育与生产劳动结合有一定的作用,但实际上生产劳动过多的情况并无根本好转。如以广西黎塘中学的情况为例,该校一名干部曾经在一封信中讲述了该校在1959年9月开学到年底4个月内教学受到冲击的情况①:

这个学期是9月18日开学的。开学初的一个星期,上午上课,下午搞自己的农业劳动。不久,上级即指示办工厂,我们准备大搞一两周,把工厂建起来。刚搞了几天,校长到专区开会拍回一个紧急电报,要求在国庆节前炼出几吨生铁……一声通知,全部师生集中到广竹山去挖矿石、运料、炼铁,和公社一起搞。苦战了十七昼夜,任务基本完成回校。随即接到通知,全部人力去搬运木材。苦战了四天,又接通知,上山采摘树种。于是背上行李……去搞了四天,于11月4日回到了学校,庆功、处理生活问题,又用去了两天。回校后继续搞自己的工厂农场,上午上两三节课,下午全部劳动……团委书记到县开会,打回紧急电话,要苦战一晚,每人写几封慰问信给钢铁战士……镇委又来紧急通知,苦战一周,做好5000件棉衣(每人平均要做8件多),送给钢铁前方战士。又不得不分头出击,苦战。几天后,上面又来通知,要集中力量,上山采集树种两万斤……又来紧急电话,你校七百人,全部到××大队支援秋收……县生产办公室,又布置苦战五天,种下四百亩亚麻……这两天县里又布置了文艺大放卫星,体育大放卫星,苦战三天,实现劳卫制一级,苦战四天,通过二级,军事训练提出年底前射击满堂红。镇委又来了个全面动员,突击中心工作——深耕、水利、积肥——学校师生,半放学状态,苦战20天!……我们这学期就是这样过去的。

针对这种状况,中共中央、国务院于1960年5月15日发出《关于保证学生、教师身体健康和劳逸结合问题的指示》,规定学生每天的学习时间,中学不得超过8小时,每天的睡眠时间,小学生必须保障9~10小时,中学生保障8~9小时。另外还对社会活动和会议的控制、伙食管理、教师的学习休息时间作了系列规定。1960年12月21日,又发出了《关于保证学生、教师身体健康的紧急通知》,进一步重申注意劳逸结合,保证师生的身体健康,要求妥善安排师生的工作、学习、劳动和休息时间。

除了"劳动代替体育",在当时"大办民兵师"的过程中,又有许多学校出现

---

① 毛礼锐,沈灌群.中国教育通史(第6卷)[M].济南,山东教育出版社,1989:142~143.

了以军训代替体育的倾向。[①]"以劳动代替体育"和"以军训代替体育"[②]，夸大了劳动、军训的意义，否认、贬低了学科教育的价值、特点和重要性，忽视了体育课程教学的特殊性和对人身心发展所起到的独特作用，严重违背了学校体育和人发展的客观规律，严重阻碍了当时中小学学校体育工作的开展，致使体育教育在课程教学理论和方法上一度出现混乱局面。

最后，"拔白旗、插红旗"运动和三年困难时期给中小学体育课程教学工作带来极大影响。

强化对学生的思想政治教育和对教师的思想改造，是"教育革命"的重要内容之一。在对教师的思想改造方面，从1958年起，各地中小学在教师中开展了"拔白旗、插红旗"和"自觉革命、向党交心"的运动。但由于采取的是群众运动、群众斗争和"四大"（大鸣、大放、大字报、大辩论）的方式，出现了简单粗暴、宁左勿右的错误，一大批中小学体育教师因此遭到错误的批判，严重挫伤了广大体育教师的工作积极性，影响了中小学体育工作的健康发展。另一方面，由于1959—1961年我国遭受自然灾害加之中苏关系全面交恶，造成了当时国民经济严重困难的局面，使国家和人民遭遇了新中国成立以来最严重的经济困难，给人民生活带来了严重的影响。由于经济困难、供应不足，致使中小学学生的体质和健康状况严重不良，这无疑给当时的学校体育工作带来了极大影响。受制于当时的特殊环境，各级教育行政部门和学校不得已降低了学校体育活动的要求，一些地方甚至减少或停止了体育课，更有甚者，"一些学校和地方因此而不抓体育，体育教师调去搞生活，作总务、教务工作，或调离学校，甚至有些学校的体育场地被用来种菜、种粮，体育器材损坏严重"[③]，给中小学体育教育工作带来了严重的挫折。

---

① 李晋裕,滕子敬,李永亮.学校体育史[M].海口:海南出版社,2000:59.
② "教育革命"期间,当时各地自编的一些体育教材也体现"以劳动、军训代替体育"的倾向。如当时在全国比较有影响的由北京师范大学体育系学生编写的《军体教材》,就是强调以军训和劳动的内容代替体育,由于在理论和实践上行不通,故出版后不久即废止。参见中国教育事典编委会.中国教育事典（中等教育卷）[M].石家庄:河北教育出版社,1994:302.
③ 李晋裕,滕子敬,李永亮.学校体育史[M].海口:海南出版社,2000:60.

二、"调整"时期的学校体育思想与体育课程改革

1."调整"时期的学校体育思想

1960年后我国体育界开始反思体育"大跃进"的不足。1961年1月召开的全国体育工作会议,在充分肯定体育"大跃进"所带来的体育普及与体质提高的成绩的基础上,提出应该从客观实际出发,对原有体育工作目标、任务等进行一定程度的压缩。在发展竞技体育方面,提出要根据我国现实情况,充分吸收国外有益经验,"创造一套适合我国运动员的训练方法"。在体育质量提升方面,也要避免不顾实际的盲目冒进,提出"在不同时期应有不同的训练要求和奋斗目标"。[①]教育领域的纠"左"工作开始展开,并在1961年中共八届九中全会正式通过的"调整、巩固、充实、提高"的八字方针指导下全面展开。在批判"大跃进"时期体育出现的一系列乱象的同时,也对新阶段体育发展提出了新的要求,形成了新的指导思想。

一是改善教育质量,压缩体育规模。"教育革命"时期"五风"("浮夸风""共产风""命令风""瞎指挥风""干部特殊风")的盛行,给教育事业造成了严重的损失。"浮夸风"造成许多学校名实不符。"浮夸风"影响下的教育"大跃进"未能保证和巩固学校办学质量,反而造成了人力、物力资源的浪费。"共产风"引发了许多占用公社社员土地、房屋、家具以及无偿使用劳动力的问题,"命令风""瞎指挥风"以及"干部特殊风"则造成了不顾教育发展实际,随便下命令、给任务的问题不断。"五风"不仅造成学校教学秩序的混乱,同时也导致学校教育质量的下滑。因此,《国家体委关于1961年体育工作的意见》在肯定教育发展成绩的同时,也提出要对体育"大跃进"中出现的问题进行反思,并提出了"对现有事业进行调整、充实,巩固已有成就,着重提高质量"的指导思想。[②]1962年"七千人大会"后,更是从体育与经济的关系出发,对体育"大跃进"中出现的违背经济发展规律和不顾社会现实状况的做法进行了批判。由此,各省、市按照有关整顿精神并结合当地实际情况,开始对体育运动规模进行相应的调整。

---

① 伍绍祖.中华人民共和国体育史(1949—1998)综合卷[M].北京:中国书籍出版社,1999:113.
② 伍绍祖.中华人民共和国体育史(1949—1998)综合卷[M].北京:中国书籍出版社,1999:115.

二是主张压缩劳动时间,以教学为主。1961年2月7日,中共中央批转中央文教小组《关于1961年和今后一个时期文化教育工作安排的报告》。该报告提出,普通教育要因地制宜,要根据不同地区的实际情况,有计划地普及小学教育和发展中等教育,以克服"教育革命"中学校教育的无序发展。同时还提出,各学校必须保证教学时间,适当控制劳动时间,甚至对中小学劳动时间进行了明确规定:"初中生一般规定每周6小时,最多不得超过8小时,每年最多不得超过一个半月。高中8小时,最多不得超过10小时,每年不得超过2个月。9岁以上的小学生参加一些力所能及的劳动,一般每周的劳动时间为4小时,最多不得超过6小时。"[①]明确规定中小学生劳动时数,对于克服"教育革命"时期"以劳代体"思想所造成的学校教学时数不足、教育质量下滑问题具有重要的意义。

三是体育教育注重知识传授和技能训练相结合。新中国成立初期,在苏联教育模式影响下,我国学校体育深受"劳卫制"的影响,注重学生体育知识学习和技能的培养。1958年,国家体委颁发《"劳动卫国"体育制度条例和项目标准》,作为学校体育实施结果的评价标准。然而在"大跃进"思想影响下,实施"劳卫制"的学校无视教育规律与学生实际,干扰正常的教学秩序,严重损害了学生的健康。在八字方针指导下,学校体育教育也开始调整。1961年中小学教材中首次提到"增强体质"的概念,认为体育作为学校教育的重要部分,其目标是:增强学生的身体素质,对学生开展共产主义教育;让学生能够更好地学习、参加劳动和保卫祖国;促进学生的身体发育和发展,提高学生的身体健康,让学生具备基本的体育常识、身体锻炼的技能和养成锻炼身体的良好习惯,培养学生共产主义道德品质。

1961年,针对体育教学问题,学术界以"体育课教学中增强学生体质(身体素质训练)与掌握知识技能关系"为主题展开了讨论,出现了"体质论""技能论"以及"结合论"之争。这次论争反映了当时教育界在学校体育功能、价值取向上的分歧。"体质论"主张学校体育课应以增强学生身体素质为主,主张在学校体育教学活动开展过程中,应当做好以下三方面的工作:第一是加强学生身

---

① 李庆刚."大跃进"时期"教育革命"研究[M].北京:中共中央党校出版社,2006:283.

体适应自然环境的能力,在日常生活和劳动中促进学生所需要的身体基本活动能力和全面发展身体素质;第二是体育运动知识的传授,使学生认识到体育的重要意义,给他们普及传达一些基本的体育知识和锻炼身体的技能,从而养成锻炼身体的习惯;第三是学生思想政治觉悟的提高,养成共产主义道德品质。[1]"技能论"承认学校体育的根本任务是增强学生体质,但目标的实现要依靠基本知识、基本技术和基本技能的学习。因此,体育课的根本任务是传授体育的知识、技能和技术,使学生懂得科学锻炼身体的方法,以便指导他们课外和将来走向社会时更好地锻炼身体,增强体质。[2]可以看出,二者各有侧重。"体质论"实际上主张将学生身体锻炼融于学校日常教学活动当中,体育课也是体质锻炼课,侧重于学生在体育课中改善身体素质;"技能论"也强调帮助学生在体育课中锻炼身体,但更侧重于在体育课中教给学生体质锻炼的知识和方法,从而为学生未来体育锻炼提供方法和指导。经过反复争论,"体质论"者和"技能论"者达成了共识,采取了"结合论"的思想。由此,形成了增强体质、掌握技能和思想教育并重的指导思想,推动了学校体育改革的全面开展。1963年,在全国范围内又展开了体育教学任务大讨论,进一步明确了体育教学各项任务之间的关系。总的来看,"调整"时期学校体育思想的转变,为开展学校体育工作提供了认识基础。

2."调整"时期中小学体育课程改革的展开

1960年夏,中共中央和毛泽东面对国民经济严重困难的形势,开始对三年"大跃进"运动进行反思。在1961年召开的中共八届九中全会上,党中央正式确立了"调整、巩固、充实、提高"的方针,提出要调整国民经济各部门之间的失调,要巩固生产建设取得的成果,充实新兴产业和短缺产品的项目,注重质量和经济效益的提高。这标志着我国国民经济建设开始由"大跃进"转向大调整。与此同时也开始在教育领域作出相应的调整。1960年11月到12月,中央文教小组召开了全国文教工作会议,要求教育工作要贯彻"调整、巩固、充实、提高"的方针,处理好教育事业建设与生产发展的关系,处理好发展文教事业

---

[1] 王占春.浅谈体育课的三项基本任务[J].学校体育,1981(1):22-25.
[2] 罗映清,滕子敬.试谈中小学体育课的任务中锻炼身体和掌握知识、技能、技术的关系[J].体育科学,1981(2):2-8.

过程中质量与数量、政治和业务的关系。为克服、纠正"教育革命"中出现的问题,1961年2月,中共中央转批了中央文教小组《关于1961年和今后一个时期文化教育工作安排的报告》。该报告规定:当前在文化教育工作过程中必须以"调整、巩固、充实、提高"为指导方针。根据这一方针,党和国家在基础教育课程改革方面进行了一系列调整,复归国家对基础教育课程的统一管理。

针对"教育革命"时期各地中小学课程"改革"中出现的混乱局面,1963年3月,中共中央下发了《全日制中学暂行工作条例(草案)》与《全日制小学暂行工作条例(草案)》,对普通中小学课程的一些重大问题进行了原则规定,开始收回"教育革命"时期下放的部分教育权限,复归国家对中小学课程实施统一管理。这两个条例(草案)分别对中小学体育教育的任务和培养目标作了明确规定,指出:使学生的身心得到正常的发展,具有健康的体质,培养良好的生活习惯和劳动习惯。这两个条例(草案)所重申的国家对普通中小学教育的定位和目标要求,对基础教育课程改革包括体育课程改革起了规范、统一和指明方向的作用。除了规定全国中小学的课程设置,还对中小学课程的其他一些重要方面作了规定。强调:全日制中小学必须根据教育部统一规定的教学计划、教学大纲和教科书进行教学,全日制中小学的教学计划、教学大纲和教科书要保持必要的稳定,以便教师积累经验,提高教学质量。地方教育行政部门和学校对教学计划、教学大纲和教科书,不得随意修改,如确有修改的必要,必须由省级教育行政部门报教育部批准。全日制中小学必须贯彻以教学为主的原则,小学必须保证全年有九个半月的教学时间,中学有九个月的教学时间,不得随意停课,必须保证按期完成教学计划。强调课堂教学是教学的基本形式,教师的根本任务是把学生教好,努力完成教育任务。小学教学也必须根据儿童少年的年龄特点和接受能力进行,教学方法不能强求一律,要养成学生勤学的习惯,对学生学习的要求既要有统一的要求,同时又要承认差别。在教科书制度方面,这两个条例(草案)规定,各地教育行政部门、学术研究机关、学者可以根据教育部颁布的教学计划、教学大纲,编写教科书,经过教育部审定,可以推荐全国采用。各省、区、市除采用全国通用的教科书外,可以自编作为补充的历史、地理、生物等课程的乡土教材。这两个条例(草案)的发布,对全国基础教育课程进行了有效的统一和规范,稳定了当时全国基础教育课程秩序,它们的贯彻执行对我国基础教育迈向健康发展的轨道并逐步提高教育质量起了积极的作用,也对中小学体育课程的教学产生了积极的影响。

1964年后,党和国家相关部门又先后发布了改进学校体育卫生工作的相关指示和报告,为中小学体育课程的改革指引了方向。1964年5月,中共中央、国务院批转教育部临时党组《关于克服中小学学生负担过重现象和提高教学质量的报告》,重申学校必须贯彻执行党的教育方针,"使受教育者在德育、智育、体育几方面都得到发展,成为有社会主义觉悟的有文化的劳动者",强调"提高教学质量,决不是只提高智育的质量,而是包括德、智、体几方面在内的,不应该错误地只管智育,不管德育、体育"。[1] 8月,国务院批转了教育部、国家体委、卫生部《关于中小学学生健康状况和改进学校体育、卫生工作的报告》,提出学生健康状况不够好,主要是教育工作全面地贯彻党的教育方针、认真贯彻执行毛主席的"三好"号召的力度不够。在学校体育工作方面,教育行政部门对学校体育一般号召多,具体指导少;而不少学校对体育课不重视,甚至错误地提出"体育要为学习让路",体育课质量不高,体育课时间经常遭挤占,课外体育活动没有得到很好安排和组织。报告强调"应该十分关心学生身体的正常发育、增进学生的身体健康"[2]。1965年10月,中共中央转发了教育部党组《关于减轻学生负担、保证学生健康问题的报告》,要求教育行政机关和学校的校长、教员都要为学生服务,一切工作都必须从学生的实际情况出发,发展学生的德、智、体,并提出:"体育,要坚持每天的早操或课间操,保证每周的两节体育课和两次课外体育活动。运动量要根据学生的身体状况而有所不同。"[3] 这些改进学校体育工作的指示和报告,对当时中小学校体育工作包括体育课程改革无疑产生了重要的影响。

在"调整"时期,我国中小学体育课程从如下方面进行了改革:

(1)规范中小学体育课程的设置

1963年7月,教育部颁发了适用于全年有9个月以上教学时间的全日制中

---

[1] 何东昌.中华人民共和国重要教育文献(1949—1975)[M].海口:海南出版社,1998:1277-1278.
[2] 何东昌.中华人民共和国重要教育文献(1949—1975)[M].海口:海南出版社,1998:1302-1303.
[3] 何东昌.中华人民共和国重要教育文献(1949—1975)[M].海口:海南出版社,1998:1390.

小学的《全日制中小学教学计划(草案)》。在该计划(草案)中,小学总课时为6620课时,其中体育课为442课时,在一至六年级开设,各年级每周均为2课时(每节课45分钟),体育课时总数占全部课程时数的6.68%,课时总量位居小学所有课程的第三位;中学总课时为6708课时(加上选修课,课时为6819课时),体育课从初一到高三开设,各年级每周开设2课时(每节课50分钟),体育课程总课时为412课时,占中学全部课程时数的6.14%(加上选修课,占比为6.04%),位于全部课程的第五位。[①]新的教学计划的颁布,恢复了中小学体育课程时数。与之前所颁布的在时数以及比例上并未有大的变化。在随后1964年的调整和精简中小学课程的过程中,也并未对体育课进行变动,仍为各年级每周两课时。

(2)推进中小学体育教学大纲与教材的建设

在中小学体育教学大纲、教材建设方面,根据1961年2月中共中央书记处提出的"抓紧教材工作,大、中、小学下学期要有教科书和讲义","选编教科书和讲义,要作为教育部门的重要工作",[②]1961年,人民教育出版社将体育教学大纲和教材合二为一,出版了《小学体育教材》和《中学体育教材》,供全日制中小学体育教师参考使用。[③]这两本教材对中小学体育课程的目标任务、教材编写原则、教材具体内容及要求、教师的教材使用等方面进行了规定(见表2-1),为中小学体育课程教学摆脱"左"的错误,迅速走上正轨、提高体育课程教学质量起到了重要的作用。

[①] 课程教材研究所.20世纪中国中小学课程标准·教学大纲汇编 课程(教学)计划卷[M].北京:人民教育出版社,2001:296-299.

[②] 李晋裕,滕子敬,李永亮.学校体育史[M].海口:海南出版社,2000:61.

[③] 根据有的研究者的不完全统计,1958—1965年我国(不含港澳台地区)一共编写出版了22本小学体育教材,其中1958年10本,1959年4本,1960年7本,1961年1本;中学体育教材一共编写出版了19本,其中1958年7本,1959年5本,1960年2本,1961年1本,1963年2本,1964年2本。中学体育教材代表性的除了《中学体育教材》(人民教育出版社1961年版)外还有北京师范大学体育系普通教育改革小组编写人民教育出版社1960年出版的《九年一贯制试用体育教学参考资料(全日制)》,上海市教育局教学研究室编写新知识出版社1958年出版的《中学室内体育教学参考资料》,新疆维吾尔自治区教育厅和体委组织的体育课程编写组编译新疆人民出版社1963—1964年出版的《中学体育教材》(4册),等等。参见张庆新.中国近现代体育教材史的研究[D].北京:北京师范大学,2008:71-73,75.

表2-1 中小学体育教材的总体要求与编写原则对比

	总体要求	教材编写原则
小学	1.促进学生身体的正常发育和机能的发展,增强身体对寒冷、炎热等自然环境的适应能力,增进健康。 2.促进学生在日常生活和劳动中所需要的身体基本活动能力和身体素质的全面发展。 3.使学生了解体育的重要意义,教给他们一些最基本的体育知识和锻炼身体的技能,养成锻炼身体的习惯。 4.通过体育教育学生热爱党、热爱祖国、热爱劳动,培养他们勇敢、坚毅、朝气蓬勃、服从组织、遵守纪律和集体主义等共产主义道德品质。	1.选编教材首先从增强学生体质出发。 2.根据学生的年龄特征选编教材,从体操、田径、武术和游戏(包括球类)各类运动中选择教材。 3.选编教材从实际出发,力求适合一般学校和学生的情况。 4.教材具有培养学生的共产主义道德品质的作用,游戏教材和体育基本知识教材,强调要有鲜明的思想性。 5.高年级的教材要和劳卫制相结合。将劳卫制少年级的部分项目列为高年级的教材。
中学	1.促进学生身体的正常发育和机能的发展,增强身体对寒冷、炎热等自然环境的适应能力。 2.促进学生劳动,保卫祖国和日常生活中所需要的身体基本活动能力和身体素质的全面发展。 3.使学生认识体育的重要意义,具有基本的体育知识和锻炼身体的技能,养成锻炼身体的习惯,并要提高部分运动基础较好的学生的运动技术水平,以进一步增强他们的体质。 4.通过体育,教育学生热爱党、热爱祖国、热爱劳动,培养他们勇敢、坚毅、朝气蓬勃、服从组织、遵守纪律和集体主义等共产主义道德和优良品质。	1.首先从增强学生体质出发。 2.根据学生的年龄特征选编教材,从体操、田径、武术和游戏(包括球类)各类运动中选择教材。 3.选编教材从实际出发,力求适合一般学校和学生的情况。 4.教材应具有培养学生的共产主义道德品质的作用。体育教材要有鲜明的思想性。 5.教材与劳卫制、民兵训练相结合。将劳卫制部分项目列为各相应年级的教材,并选用了少数与民兵训练有关的体育训练项目,如队列、投掷手榴弹和超越障碍等。

资料来源:课程教材研究所.20世纪中国中小学课程标准·教学大纲汇编 体育卷[M].北京:人民教育出版社,2001:75-76,520-521.

《小学体育教材》分教材纲要和教材两部分,基本按照年级编排,各年级各类教材按照当时一般学校各年级学生的年龄情况进行选编。根据小学教学计划中体育课各年级每周设2课时的规定并结合小学体育的目的任务、各类教材对各年级学生锻炼身体的具体作用,该教材还对体操、田径、武术、游戏(包括球类)和体育基本知识等五类教材在各年级的教学时数进行了分配(见表2-2)。为了发挥民族形式体育运动的作用,该教材选编了适合小学生的武术教材。在教师的教材使用方面,该教材强调力求做到可以供我国绝大部分地区小学体育教师参考使用,但由于各地区、各学校情况不同,各地区、学校在参考使用时需要根据具体情况进行相应的调整,特别是民族地区和少数寒冷或炎热地区,在参考使用时,更需要根据具体情况,很好地加以调整、删减或补充。[1]该教材强调小学体育教学应对学生进行必要的成绩考查,并选择了一部分最主要的项目作为建议考查项目。

表2-2 小学体育教材时数分配表(1961)

教材\时数\年级	一	二	三	四	五	六
体操	34	38	36	38	40	40
田径						
武术			6	6	6	6
游戏(包括球类)	34	30	22	20	18	18
基本知识			4	4	4	4
合计	68	68	68	68	68	68

资料来源:课程教材研究所.20世纪中国中小学课程标准·教学大纲汇编 体育卷[M].北京:人民教育出版社,2001:76.

---

[1] 课程教材研究所.20世纪中国中小学课程标准·教学大纲汇编 体育卷[M].北京:人民教育出版社,2001:77.

《中学体育教材》同样基本按照年级编排，各年级各类教材按照当时一般学校各年级学生的年龄情况进行编写。根据中学教学计划中体育课各年级每周设2课时的规定并结合中学体育的目的任务、各类教材对各年级学生锻炼身体的具体作用，该教材还对体操、田径、武术、游戏（包括球类）和体育基本知识[1]等五类教材在各年级的教学时数进行了具体分配（见表2-3）。为了使该教材既能供一般学校参考使用，又有一定的灵活性，《中学体育教材》分基本教材（约占总授课时数的80%）和选用教材（约占总授课时数的20%，供各校根据具体情况灵活选用）两部分。为了发挥民族形式体育运动的作用，该教材选编了一部分武术教材。在教师的教材使用方面，该教材强调力求做到可以供我国绝大部分地区中学体育教师参考使用，但由于各地区、各学校情况不同，难以做到完全适用，该教材强调各地区、学校在参考使用时需要根据具体情况进行相应的调整，特别是民族地区和特别寒冷或炎热地区，在参考使用时，更需要根据具体情况，很好地加以调整、删减或补充。[2]该教材强调中学体育教学应对学生进行必要的成绩考查，并选择了一部分最主要的项目作为建议考查项目。

这一时期，必须肯定我国中小学体育的教学大纲与教材建设，无论是对比"教育革命"时期还是新中国成立初期，均取得了巨大的突破和进步。在指导思想方面，这一时期中小学体育教材将"增强学生体质"作为教材选编的首要原则和指导思想；在教材内容方面，这一时期中小学体育教材从小学三年级起增加了体育基础知识和理论知识，尤其为发挥民族形式体育运动的作用，把武术重新纳入教材，体现了对民族传统体育的尊重和关照；在教材结构和体例上，将人体基本活动能力作为中心内容安排进教材，逐步改变以竞技体育排列教

---

[1] 《中学体育教材》规定初、高中体育基础知识的内容有：1.中国共产党对人民体育事业的关怀和领导；2.毛主席向青年提出"身体好，学习好，工作好"的号召；3.我国体育事业的伟大成就；4.学校体育的目的任务；5.参加体育活动的好处；6.遵守科学的锻炼方法，防止伤害事故；7.锻炼身体的几种主要项目；8.国防体育；9.几种主要运动创伤的急救方法；10.国内外体育动态。参见课程教材研究所.20世纪中国中小学课程标准·教学大纲汇编 体育卷[M].北京：人民教育出版社，2001：541-542.

[2] 课程教材研究所.20世纪中国中小学课程标准·教学大纲汇编 体育卷[M].北京：人民教育出版社，2001：522.

表2-3　中学体育教材时数分配表(1961)

内容	时数 年级	初中 一	初中 二	初中 三	高中 一	高中 二	高中 三
基本教材	体操	16	16	14	14	14	14
	田径	16	16	18	18	18	18
	武术	8	8	6	8	8	6
	游戏(球类)	14	14	10	10	8	6
基本教材	体育基本知识	4	4	4	4	4	4
	(小计)	(58)	(58)	(52)	(54)	(52)	(48)
选用教材		10	10	12	14	16	16
合计		68	68	64	68	68	64

资料来源：课程教材研究所.20世纪中国中小学课程标准·教学大纲汇编 体育卷[M].北京：人民教育出版社,2001:522.

材的构架；在教材的类型上，还出现了室内和少数民族体育教材；[1]在大纲的研制、教材的编写和使用上，强调、体现了科学性并注重统一性与灵活性的结合，体现了对学生年龄特征的尊重、观照和因地制宜、因校制宜的基本精神。总体来看，这一时期的体育教学大纲和教材在指导思想、体例、结构、内容上均有较大突破和创新，使我国中小学体育教材基本摆脱了苏联学校教材模式，一定程

---

[1] 此期还出现室内和少数民族体育教材。比如福建教师进修学院的《中等学校雨天体育教学参考资料》(1959)，人民教育出版社的《中学体育常识：风雨天室内讲授资料》(1960)，新疆维吾尔自治区教育厅、体委组织的体育课程编写组编译的《中学体育教材》(分教材纲要、基本教材、选用教材、体育基本知识共四册，新疆人民出版社1963—1964年出版)，等等。参见张庆新.中国近现代体育教材史的研究[D].北京：北京师范大学,2008:75.

度上奠定了具有中国本土特点的中小学体育教材体系。它们的使用,及时扭转了当时忽视学生体质,以生产劳动、军事训练代替体育以及只把体育课当成传授技能过程等片面的做法和思想倾向,对于当时纠正"左"的错误,端正体育教育思想、稳定中小学体育教学秩序和提高体育课程教学质量起到了重要的作用,同时也初步形成了具有我国特点的系统的体育教材的雏形,为建立我国学校体育教材体系奠定了基础。

第三章 "文化大革命"时期的中小学体育课程"革命"（1966—1976）

从1966年5月到1976年10月,是新中国历史上的"文化大革命"时期。《关于建国以来党的若干历史问题的决议》指出,十年"文革"给党、国家和各族人民带来严重的灾难,使党、国家和人民遭到新中国成立以来最严重的挫折和损失。在我国学校体育方面,受到极左错误思想的影响,学校体育事业也受到了严重冲击和破坏,新中国成立后17年的中小学体育课程体系被全盘否定。

一、"文化大革命"时期的学校体育思想

"文革"时期,在极左思潮的影响下,在以"阶级斗争为纲"的形势下,学校体育思想受到极大扭曲,体育被视为阶级斗争的工具,"劳动代替体育""军训代替体育"等言论不断被强化并长期盛行。在"文革"的中后期,尽管以周恩来、邓小平等为代表的力量对教育中的极左错误思想进行了一定抵制,学校体育有所恢复,但由于"四人帮"的干扰、压制和迫害,教育中的极左错误没有得到根本阻止,学校体育思想也没有得到根本的扭转。[①]

1."一切以阶级斗争为纲"教育思想的形成

1966年5月召开的中共中央政治局扩大会议,通过了毛泽东主持起草的《中国共产党中央委员会通知》(简称"五一六通知")。8月党的八届十一中全会,通过了《关于无产阶级文化大革命的决定》(即"十六条"),全面发动了"文化大革命"。运动方式强调"敢字当头,放手发动群众","让群众在运动中自己教育自己","充分运用大字报、大辩论这些形式,进行大鸣大放"。这两次中央会议的召开和两个中央文件的发布,标志着"文革"在全国范围内开展。1966年5月7日,毛泽东对中国人民解放军总后勤部关于进一步搞好部队农副业生产的报告作出批示(即"五七指示"),指出:要使整个社会变成一所大学校,工、农、兵都要批判资产阶级,"学生也是这样,以学为主,兼学别样,即不但学文,也要学工、学农、学军,也要批判资产阶级。学制要缩短,教育要革命,资产阶级知识分子统治我们学校的现象,再也不能继续下去了"[②]。6月2日,《人民日

[①] 陈融.新中国学校体育思想50年发展历程及其历史启示[M]//曲宗湖,刘绍曾,邢文华.新中国学校体育50年回顾与展望.北京:北京体育大学出版社,2000:37.

[②] 何东昌.中华人民共和国重要教育文献(1949—1975)[M].海口:海南出版社,1998:1396.

报》发表评论员文章《欢呼北大的一张大字报》,并转载发表了《陆平、宋硕、彭佩云在文化革命中究竟干了些什么》大字报,在大字报中提出要"打破修正主义的种种控制和一切阴谋诡计,坚决、彻底、干净、全部地消灭一切牛鬼蛇神、一切赫鲁晓夫式的反革命修正主义分子"。随后,北京的大、中学掀起了"斗黑帮"的高潮,全国各地学校的学生也纷纷仿效。

同时,为响应师生闹革命的号召,1966年6月和7月,党中央和国务院多次发文,规定取消中小学学期考试,"招生工作可以推迟,学校不放暑假等等"[1]。"停课闹革命"开始风行起来,全国学校教育事业陷入了混乱状态。8月,全国性"砸烂旧学校"和"批判修正主义教育路线"的运动逐渐达到高潮,全国教育事业彻底陷入了一片大混乱状态。

为推进"教育大革命",1967年2月,中央先后印发《关于小学无产阶级文化大革命的通知(草案)》《关于中学无产阶级文化大革命的意见》。要求学生回校,一边上课,一边闹革命。3月7日,《人民日报》发表《中小学复课闹革命》的社论,要求学生复课闹革命。10月—11月,中央发布大、中、小学复课闹革命的通知,《人民日报》先后发布《大、中、小学校都要复课闹革命》《再论大中小学校都要复课闹革命》等社论,各地中小学逐渐开始复课。1968年8月25日,中央又发出《关于派工人宣传队进驻学校的通知》,提出"各地应该仿照北京的办法,把大中城市的大、中、小学校逐步管起来,……在革命委员会的领导下,以优秀的产业工人为主体,配合人民解放军战士,组成毛泽东思想宣传队分期分批,进入各学校"[2]。次日,《人民日报》刊出《工人阶级必须领导一切》的文章,要求工宣队和贫下中农迅速进驻中小学领导"斗、批、改"任务,在工宣队领导下各地中小学开展了各种各样的所谓的"教育革命"。

在"文革"时期极左错误思想的影响下,这一时期的学校体育思想被贴上政治的标签,深深地打上了"文革"的烙印。

2."以军代体""以劳代体"思想的产生

"文革"之初,鉴于"停课闹革命"致使学校秩序荡然无存,中共中央开始着

---

[1] 卓晴君,李仲汉.中小学教育史[M].海口:海南出版社,2000:222.
[2] 何东昌.中华人民共和国重要教育文献(1949—1975)[M].海口:海南出版社,1998:1428.

手恢复学校秩序。1967年,中共中央决定分期分批对大学、中学和小学(中高年级)实行军训,军训工作在全国学校陆续展开。为此,学校取消了班级建制,开始对师生进行军事化管理,师生统一按班、连、营建制。军训项目与体育课的常规队列队形、跑、跳、投、攀援技术技能、体能训练等内容和形式相似,这在为恢复体育课奠定基础的同时,也成为体育课开始扭曲的开端。1967年10月,大、中、小学复课闹革命的通知发出,随后,各级各类学校都设置了"军体课",内容包括解放军的常规队列、投弹、刺杀等简单动作和少量的球类、游泳等活动。特别是在1969年中苏军事冲突后,军训成为中小学的主要体育教学内容。学校不仅增加了军训时间,还在学生中举行大规模的野营拉练活动,体育课完全变成了军训课。体育基本内容被大量削减,军事内容大幅增加。在强调"以军代体"的同时,生产劳动却受到了高度强化和夸大,"学校工作以教学为主"的基本规律被视为脱离无产阶级政治、脱离生产劳动和脱离工农(即"三脱离")加以批判。生产劳动的价值和作用被绝对化,将生产劳动与教学错误地对立起来,所谓"教劳结合"实际上变成了"以劳代教",在学校体育中"以劳代教"必然是"以劳代体"。

总之,"文化大革命"时期"一切以阶级斗争为纲"("以政代体")、"以军代体"、"以劳代体"思想的盛行,致使学校体育思想被彻底扭曲,体育教育被贴上了政治标签,导致学校体育完全偏离了正常的发展轨道。

二、"文化大革命"时期中小学体育课程的"革命"

1.设置了高度"革命化""政治化"的体育课程——军事体育课

"文化大革命"一开始,中小学体育课程便受到摧毁性破坏,在"停课闹革命"的号召下,各学校纷纷开展了轰轰烈烈的夺权运动、颠倒是非的"批判修正主义教育路线"和"砸烂旧学校"的斗争,中小学体育课及体育活动一律被取缔,中小学正常的教育教学秩序也被打破,全国教育事业基本上陷入大瘫痪状态。1967年10月,大、中、小学校复课闹革命的通知不仅要求学校"一律立即开学",还规定了中小学的教学安排:小学低中年级学习毛主席语录,学唱革命歌曲,兼学识字、算术和科学常识;小学高年级学习三大纪律八项注意、毛主席语录、"老三篇",学唱革命歌曲,学习"十六条"。中学学习毛主席著作,复习数、理、化、外语和各种必要常识,批判旧教材和教学制度。

全国各地中小学陆续复课以后,在"改革旧的教育制度、改革旧的教学方针和方法"的号召下,各地中小学陆续开始恢复知识课、精简课程的工作,对原来课程设置进行调整,在中小学体育课程方面设置了高度革命化、政治化的体育课程——军事体育课。

1969年1月,《"厂办校、两挂钩"——甘肃省兰州市关于城市中学走工厂办校道路的调查报告》在《红旗》杂志发表,该报告介绍了自工宣队进校以后将兰州第五中学改为兰州铸造厂厂办中学的经验。[①]该校与附近的皋兰山人民公社挂钩,以工厂为学工基地,建立起学农的基地,并且和当地驻军的一个连队挂钩,由指战员协助去办毛泽东思想学习班,进行军训。进厂学习的师生,分为两班,一班上午劳动,早晨上课1节,下午上课3节;一班上午上课3节,下午劳动,晚上上课1节。两个班每周各劳动3天,上课3天,一周对调一次。后来作了改进,增加了上课时间:每周上课4天(两个全天,4个半天),劳动2天(四个半天)。上课和劳动以排作为单位,交叉进行。除全天上课外,其余上课和劳动时间:上午上课3节,下午上课3节;上午劳动(9点到12点),下午劳动(1点至5点半)。每周上课24节,其中毛泽东思想课12节,工业基础课4节,革命文艺课4节,军事体育课2节,机动时间2节。劳动中,固定班组、固定师傅,学习操作,实行现场教学和课堂教学相结合。在农村,则根据农事活动安排劳动和学习,农活紧张时,全天劳动。课程内容,除了把工业基础课改为农业基础课外,其余大体相同。这样,一部分师生在农村,一部分师生在工厂,一年一轮换。在课程方面,遵照毛主席学制要缩短、课程设置要精简的指示,在课程设置上坚持突出无产阶级政治、坚持理论联系实际和坚持力求少而精的原则,将原来的17门课程精简为5门课程。其中一门是军事体育课,军事体育课主要是学习毛主席的建军路线和人民战争思想,学习四个第一、三八作风。学习一些基本的军事常识,开展基本的军事训练和体育活动。

---

① 在学制方面,他们将中学六年三三分段制,改为四年二二分段制,并准备逐步过渡到四年一贯制。

1969年5月,《人民日报》发表了《农村中、小学教育大纲(草案)》,该大纲(草案)遵照毛主席关于"课程设置要精简"和"以学为主,兼学别样"的教导,在课程设置上强调坚持突出无产阶级政治、坚持理论联系实际和坚持少而精的原则。小学设军事体育课、政治语文课、革命文艺课、算术课、劳动课;中学设农业基础课、毛泽东思想教育课、革命文艺课、劳动课、军事体育课。①强调课程设置中,政治是最主要的,是统帅(但在时间安排上,文化基础课的比例则应大些,中学应占60%左右,小学以不少于70%为宜)。同年6月,上海革命委员会印发了《上海市中小学教育革命纲要》,规定小学设7门课程:毛泽东思想教育课、语文课、算术课(包括珠算)、革命文艺课(另一种意见分设唱歌和画图课)、军事体育课。四年级起增设科学常识课、外语课。中学设7门课:毛泽东思想教育课(包括中国近代史、党内两条路线斗争史、社会发展简史和地理知识)、语文课(包括语法、逻辑)、数学课、革命文艺课(另一种意见分设音乐和画图课)、工农业基础知识课(另一种意见分设物理和化学)、外语课、军事体育课。②

　　受到这些"典型"的影响,各地中小学对其原有课程进行了一定的转变和调整,在小学一般开设了语文、革命文艺、政治、算术、劳动、军事体育等课程;中学一般开设了毛泽东思想教育、工业基础("三机一泵"和土地测量)、农业基础(生物、化学、农业知识)、劳动、革命文艺(语文、音乐、美术)、军事体育等课程,废除了原有的课程体系,建立了一套以政治为统帅的革命化课程体系。在体育课程方面,中小学体育课程被变更成了"军事体育"课程。③1971年,由"四人帮"策划的《全国教育工作会议纪要》,炮制出"两个估计","两个估计"对"文革"前的17年的学校教育体育事业进行了全盘否定,把"文革"前的17年建立起来的中小学体育课程体系、学校体育思想统统说成是为复辟资本主义服务

---

① 另一种意见是中学设毛泽东思想教育、农业常识、数学、物理、化学、语文、革命文艺和军事体育8门课。
② 袁振国.中国当代教育思潮(1949—1989)[M].上海:生活·读书·新知三联书店上海分店,1991:178-179.
③ 为了进行军体课教学,各地开始编写军体课教材,全国先后有天津、陕西、甘肃、北京、辽宁、浙江、河北、青海、河南、山西、江西等省市编的军体课教材出版。参见李晋裕,滕子敬,李永亮.学校体育史[M].海口:海南出版社,2000:88.

的"封、资、修"的"大杂烩",把广大体育教师定位为资产阶级知识分子,将之称作"臭老九"、当成革命的对象下放劳动改造和加以迫害。"两个估计"的出笼对中小学体育工作产生了严重的破坏。1974年11月,自"批林批孔"运动开展以后,学校中阶级斗争成为主课,劳动成为中心,文化学习没有严格要求,教学计划经常变动,中小学教育教学秩序一片混乱。

2.编写"军事化""政治化"的体育教材

中小学"复课闹革命"之后,随着各地中小学军事体育课的开设,各地纷纷设立教材编写小组,编写中小学军事体育课教材。根据学者的不完全统计,"文化大革命"时期各地一共编写出版了60本中小学体育教材,其中中学51本,小学9本。[①]"文革"时期编写的这些教材主要有如下特点:

首先,高度强调"革命化""政治化"的体育课程目标。如1970年4月,辽宁省中小学教材编写组和沈阳体育学院革命委员会合编的《军事体育》(辽宁省中小学体育试用教材,教师用书)写道:中小学体育是毛主席的无产阶级教育方针的重要组成部分,是为培养和造就千百万无产阶级革命事业的接班人,为巩固无产阶级专政而服务的。因此,它必须以毛泽东思想为指针,突出无产阶级政治,紧密结合三大革命运动……将体育作为无产阶级专政的工具。[②]同年6月出版的北京市中学军事体育课教材对体育的课程目标、任务的规定也反映了这一特征,强调"高举毛泽东思想伟大红旗,突出无产阶级政治,培养学生成为坚强的无产阶级革命事业的接班人;以阶级斗争、两条路线斗争为纲,彻底批判反革命修正主义路线,提高学生阶级斗争和两条路线斗争的觉悟;向解放军学习、培养学生'一不怕苦、二不怕死'的革命精神,加强组织纪律性,掌握一定的军事体育的基本知识和技能,增强体质,为参加三大革命运动服务"[③]。

其次,为强调突出政治挂帅,教材内容存在着严重的形式主义。为了突出"政治挂帅",当时的教材都被牵强附会、穿靴戴帽地加上与体育毫无相关的内容,大量政治口号与语录被编入教材。如1970年6月出版的北京市中学军事体育课教材第1页至第33页均为摘录的政治论述,而且在各项目内容中穿插

---

① 张庆新.中国近现代体育教材史的研究[D].北京:北京师范大学,2008:78.
② 张庆新.中国近现代体育教材史的研究[D].北京:北京师范大学,2008:80.
③ 李晋裕,滕子敬,李永亮.学校体育史[M].海口:海南出版社,2000:88.

语录。与该教材大同小异,当时其他地方编写的教材也类似牵强附会地贴上同体育知识、技术毫无关系的政治标签。突出"政治挂帅",编入大量的政治论述和语录,违背了体育教材建设的客观规律,使大部分教材失去体育教材的本意。

最后,教材内容高度军事化。如1970年6月出版的北京市中学军事体育课教材,其内容除了支撑跳跃、跳跃、铅球、武术(军体拳)、篮球、足球、排球、乒乓球、爬山、游泳、爬绳(爬杆)、跑、徒手体操、技巧、单杠、双杠、体育锻炼卫生常识,还有防空基本知识、射击、队列练习、投弹、刺杀、过障碍和行军。[①]将军事项目内容大量编入体育教材。如1970年4月,辽宁省中小学教材编写组和沈阳体育学院革命委员会合编的《军事体育》(辽宁省中小学体育试用教材,教师用书),同样将大量将军事动作纳入其中,如刺杀、射击、投弹、行军、防空等,同样是军事代替体育的典型。[②]军事项目成为教材的重要内容,导致了体育教材内容高度军事化,这无疑同样破坏了中小学体育教材编写的客观规律,不利于中小学体育的发展。

"文化大革命"后期,在周恩来总理对当时教育中的"左"的错误进行了一定的纠正之后,教育工作一度迎来了转机。1972年,遵照周恩来总理的指示,国务院科教组召开了教材工作座谈会,组成协作组编写教材。之后,各地重新编写了体育教材,北京、辽宁、山西等地出版了省编体育教材。这些体育教材与1970年编写的军事体育教材相比,强调了要从增强学生体质出发的指导思想,尊重学生年龄、性别、体质情况、师资和设备条件,将体育基本项目作为体育教材的主要内容,减少军事项目相关内容等。在当时,尽管这对中小学的体育教学工作起到了一定的积极作用,但依然存在着"左"的错误倾向。如:北京市教育局教材编写组编写、1973年5月出版的《北京市小学体育试用教材》和

---

① 李晋裕,滕子敬,李永亮.学校体育史[M].海口:海南出版社,2000:89.
② "文革"后期情况有所改观,虽然军事项目依然是体育教材的一项重要内容,但中小学体育教材中体育基本教材的内容逐渐增多,体育教材内容不再以军事项目为主。如1972年7月辽宁省中小学教材编写组编写的辽宁省中学体育试用教材《体育》(教师用书),虽然还保留着刺杀、防空、行军等部分军事方面的内容,但比例明显减少;湖南省教材教学研究室编、湖南省长沙市教学辅导站和湖南省岳阳地区教学辅导站编写,1976年8月出版的湖南省中小学体育试用教材《体育》(教师用书),军事项目内容的比例也明显降低。

《北京市中学体育试用教材》,依然在编写原则上强调坚持无产阶级政治挂帅。加之,后来出现的所谓的"反击右倾翻案风"等运动的影响,中小学体育课程与教学再度陷入混乱之中。①

3.政治化、实践化的课程实施

在体育课程实施方面,"文革"时期中小学体育课程实施普遍强调与无产阶级政治相结合,强化与工农、生产实践的联系。如吉林梨树县革委会制定的《农村中、小学教育大纲(草案)》,要求"运用毛主席的'十大教学法'……实行官兵互教,师生评教评学,采取课堂教学和现场教学相结合,专职教师与兼职教师相结合方法,把'学'和'用'密切的结合起来……学习用毛泽东思想去鉴别香花和毒草……"②。1970年6月出版的北京市中学军事体育课教材中提出的教学建议为:突出无产阶级政治,紧密结合战备,带着敌情观念;抓紧革命大批判,以阶级斗争和两条路线斗争为纲。从实际出发,走抗大的道路,积极创造教学条件。贯彻"少而精""精讲多练"的原则;军体课请解放军、民兵骨干担任专职或兼职教师。体育教师必须自觉接受工农兵再教育,掌握一定的军事基本知识和技能,积极完成军体课的教学任务;军体课应和军训、课外军体活动相结合……③体育课程实施大搞政治挂帅,使体育课程教学流于形式,体育教学少、慢、差、费,导致体育教学质量严重下滑。

---

① 需要指出的是:"文化大革命"时期尤其是前半段,学校课外体育活动也受到了极大破坏。"学军活动""民兵训练"和"参加劳动"成为当时学校课外体育活动的主要内容,学校纷纷组织学生参与民兵训练、野营拉练、队列操练、负重行军、武装泅渡、登山野营、射击刺杀;一些学校组织所谓"定点插秧""春种夏收"等活动;有的学校在农村建立教学基地,结合参加劳动,利用乡土教材开展活动。1971年后,学校体育课外活动才有了一定的起色。参见王华倬.中国近现代体育课程史论[M].北京:高等教育出版社,2004:158.
② 何东昌.中华人民共和国重要教育文献(1949—1975)[M].海口:海南出版社,1998:1446.
③ 李晋裕,滕子敬,李永亮.学校体育史[M].海口:海南出版社,2000:88-89.

第四章 历史转变时期的学校体育思想与中小学体育课程改革（1977—1982）

1976年10月6日,"四人帮"被粉碎,"文化大革命"宣告结束。"四人帮"的粉碎并不能马上解决十年的积弊,在国家百废待兴之际,党和国家在多个领域进行全方位拨乱反正的同时,也针对教育领域开展了肃清"文化大革命"影响的工作。邓小平复出后,在他的关心指导下,教育领域的拨乱反正和恢复、调整率先开始。在学校体育思想、中小学体育课程方面,随着教育领域拨乱反正的展开,"以政代体""以劳代体""以军代体"的错误思想被冲破,学校体育思想逐步回归正轨,全国各地中小学体育课程教材混乱、正常教学秩序难以维持的局面也从此改观,中小学体育教育工作迅速回到了正常发展的轨道。

1978年12月,党的十一届三中全会隆重召开。会议指出要将党和国家工作的重点转移到社会主义现代化建设上来,这一战略决策实现了党和国家从1976年10月起的艰苦发展、徘徊前进到进入社会主义现代化建设的伟大转折,我国的教育工作面貌焕然一新,工作重点逐步转移到为社会主义现代化建设服务的轨道上来。为了更好地服务于社会主义现代化建设,我国学校体育思想不断深化,中小学体育课程在新的历史阶段根据现代化建设的需要进行了不断的改革,中小学体育课程改革不断向前推进和发展。

一、历史转变时期的学校体育思想

"文革"时期盛行的"一切以阶级斗争为纲""以政代体""以劳代体""以军代体"等学校体育教育思想,对学校的体育教育实践产生了严重干扰,不利于当时学校体育事业的发展。"文革"结束后,随着教育领域拨乱反正的展开,人们开始反思"文革"时期被极度扭曲的学校体育思想,在学校体育思想领域进行拨乱反正,开始冲破旧的学校体育思想的束缚,形成了崭新、科学的学校体育思想,为当时学校体育工作的恢复及中小学体育课程建设提供了科学的指导思想。

1978年1月,教育部、国家体委、卫生部联合颁布了《关于加强学校体育、卫生工作的意见》,指出:"一个学校体育、卫生工作搞得好不好,最根本的一条是看学生的体质是否有所增强。"[①]明确将学生体质作为检验学校体育、卫生工作

---

① 赫忠慧,郝光安.改革开放以来影响普通高校体育发展的学校体育观研究[J].文体用品与科技,2014(21):5-7.

的关键指标。第五届全国人大第一次会议于1978年3月5日通过的《中华人民共和国宪法》第十三条中明确规定：教育要"使受教育者在德育、智育、体育几方面都得到发展,成为有社会主义觉悟的有文化的劳动者"。体现了党和国家对学生德智体全面发展的重视。

  1978年3月,教育部颁布《全日制十年制小学体育教学大纲(试行草案)》和《全日制十年制中学体育教学大纲(试行草案)》,这两个大纲(草案)对"文革"时期"以劳代体""以教代体"的错误思想进行了批判,重申"增强学生体质"的指导思想,在劳动与体育的关系上,强调"劳动有助于增强体质,但劳动往往是一种特定方式的体力活动,不能代替体育"[①]。在学校体育的任务、宗旨上强调"以有利于增强学生体质为准则",强调中小学体育的主要任务在于增强学生的体质。针对中小学体育教学的目标进行了三个方面的规定：一是增强体质,二是掌握知识技能,三是培养思想品德。这两个大纲(草案)颁布后,体育界围绕中小学体育教学大纲体系和"如何理解和处理锻炼身体和掌握体育知识、技能、技术的关系"等一些体育教学的理论与实践问题进行了热烈讨论,丰富和拓展了人们对体育教育的认识和观念。在1978年4月召开的全国教育工作会议上,邓小平在讲话中重申"使受教育者在德育、智育、体育几方面都得到全面发展"的教育方针,强调了体育在学校教育中的重要地位和突出作用。随后教育部、国家体委、卫生部联合印发了《关于加强学校体育、卫生工作的通知》,指出"提高对学校体育、卫生工作的认识,全面落实党的教育方针",要求"各级教育行政部门和学校要像抓德育、智育那样抓体育、卫生工作",针对中小学的体育课和初中的生理卫生课明确强调"要恢复或重建被'四人帮'破坏的学校体育、卫生规章制度",要求中小学认真做好早操、课间操和眼保健操,并规定课外体育活动的课时和时长,"每周最少要有两节列入课表。每天平均保证一小时有组织、有领导、有计划的体育锻炼(包括体育课、早操、课间操和群众性课外体育活动)"。[②]同年5月,国务院批转了国家体委《1978年全国体育工作会议

[①] 课程教材研究所.20世纪中国中小学课程标准·教学大纲汇编 体育卷[M].北京：人民教育出版社,2001：557.

[②] 李晋裕,滕子敬,李永亮.学校体育史[M].海口：海南出版社,2000：101.

纪要》,指出:"坚持普及与提高相结合的原则,进一步广泛开展群众体育活动,重点抓好关系两亿青少年健康成长的体育工作。"[1]这些对学校体育工作的目的、任务(对学生全面发展的重要价值)的认识,以及对学校体育重要性的强调,为学校体育工作的迅速恢复和开展提供了理论和舆论准备。

1978年9月,教育部印发《全日制小学暂行工作条例(试行草案)》,指出:"小学阶段是儿童少年长身体的重要时期,必须教育学生养成良好的生活习惯和锻炼身体的习惯,增强体质。要上好体育课,坚持课间操。要使学生懂得一些锻炼身体的知识和方法。"[2]同时印发的《全日制中学暂行工作条例(试行草案)》提出:"中学阶段是少年青年身心发育成长的重要时期,必须重视和加强体育卫生工作……要使学生掌握体育基础知识和技能,懂得科学锻炼身体的方法。"[3]其中对中小学体育卫生、保健工作的阶段性要求与规定,凸显了体育卫生和保健工作对中小学生的重要性,再次表达学校体育工作对增强学生体质、实现学生全面发展的关注。

在1979年2月发表于《人民日报》的教育部部长蒋南翔答《体育报》记者问中,蒋南翔部长提出:身体好,是学校三大根本要求之一,是根本要求,不是普通要求。学校培养人才,还是要德育、智育、体育全面发展。不能重视了文化课学习,就不注意体育锻炼。教育质量的好坏,就是要德、智、体全面衡量。体育不好,就不能说是教育质量高。不重视体育,就是对学校工作还不入门。

1979年5月15日至22日,在江苏扬州市召开的全国体育卫生工作经验交流会是"文化大革命"后学校体育工作、卫生工作的一次重要会议,会议在学校体育卫生工作的各个方面进行了全面的拨乱反正。会议强调"学校开展体育、卫生工作的根本目的,在于增强学生的体质",提出"要从实际出发,认真上好体育课;抓好每天一小时的锻炼,建立、健全业余训练制度,坚持普及与提高相结合",与此同时强调一定要从"国家根本的、长远的利益出发,看到学校体育、卫生工作的重要意义,把它摆到学校工作的重要议事日程上来"。[4]本次会议

---

[1] 傅砚农,曹守和,赵玉梅,等.中国体育思想史(现代卷)[M].北京:首都师范大学出版社,2008:204.
[2] 何东昌.中华人民共和国重要教育文献(1976—1990)[M].海口:海南出版社,1998:1638.
[3] 何东昌.中华人民共和国重要教育文献(1976—1990)[M].海口:海南出版社,1998:1633.
[4] 李晋裕,滕子敬,李永亮.学校体育史[M].海口:海南出版社,2000:106.

实现了"将增强学生体质作为学校体育的出发点和归宿"在思想认识上的统一,要求学校体育工作要以体质健康教育思想来进行指导,完成了在学校体育上的拨乱反正。

1979年10月5日,教育部与国家体委发布的《中、小学体育工作暂行规定(试行草案)》指明学校体育的基本任务是"指导学生锻炼身体,增强体质;使学生掌握体育的基本知识和运动技能,学会科学锻炼身体的方法,养成经常锻炼的习惯,逐步提高运动技术水平;向学生进行共产主义思想、品德教育,树立良好的体育道德风尚"。并强调要把"学生体质是否有所增强"看作学校体育工作成绩评定的最根本标准。[①]该规定(试行草案)提出:"学校体育工作要面向全体学生,贯彻普及与提高相结合的方针","与卫生保健工作密切结合"。1981年4月,全国学校体育卫生工作会议在北京召开,会议强调"那种对学生健康漠不关心,不加过问,一味加重学生的负担,单纯地追求升学率,而忽视体育卫生工作的倾向,实际上是对青少年儿童的摧残"[②]。1982年10月的体育司工作会议中,教育部部长何东昌就如何抓好学校体育工作发表了讲话,明确指出学校体育在指导思想上要坚持"三个为主",即以增强学生体质为主,以普及为主,以经常锻炼为主。[③]

总之,在这一时期,"增强体质"论的学校体育思想开始确立,是当时学校体育工作开展的指导思想,为我国中小学体育课程教学的规范化、科学化奠定了一定的基础。

二、历史转变时期中小学体育课程的恢复与重建

在十年"文革"中,全国各地开展了各式各样的所谓"教育革命",带来全国各地中小学学制混乱,教学大纲、计划不一,教材使用杂乱无章,教学内容、进度以及起始时间全国难以统一等多方面的恶劣影响。"文革"结束之后,全国在教育领域着力开展了全面拨乱反正的工作。在基础教育领域,由于"文革"刚

---

① 傅砚农,曹守和,赵玉梅,等.中国体育思想史(现代卷)[M].北京:首都师范大学出版社,2008:206.
② 傅砚农,曹守和,赵玉梅,等.中国体育思想史(现代卷)[M].北京:首都师范大学出版社,2008:206.
③ 傅砚农,曹守和,赵玉梅,等.中国体育思想史(现代卷)[M].北京:首都师范大学出版社,2008:207.

结束,时间紧迫,加之"两个凡是"思想的束缚,来不及开展全国统一的教学计划、大纲制定和新教材编写,于是决定在原教材的基础之上,清除"四人帮"的流毒与恶劣影响后继续使用。例如,1976年11月,教育部通知要求清除教材内"四人帮"及其写作班子的言论、文章;1977年9月,教育部再次发出《关于坚决清除"四人帮"在中小学教材中的流毒和影响的通知》,对如何清除"四人帮"的流毒和影响作了具体的指示。在邓小平的关怀和指导下,教育部自1977年起组织编写全国统一的教学计划、教学大纲以及通用教材等工作。仅1978年一年,教育部便颁发了《全日制十年制中小学教学计划(试行草案)》《全日制小学暂行工作条例(试行草案)》《全日制中学暂行工作条例(试行草案)》,并组织编写了全国统一的小学、初中阶段一年级的各科教材,于同年秋季开始在各地使用。这些教学计划、教学大纲、教材的编写和推广工作,结束了各地中小学课程教材的混乱情况,保证了课程秩序的稳定,恢复了国家正常的课程秩序。

1.中小学体育课程的设置

在中小学阶段的体育课程设置方面,1978年1月18日,教育部颁布了《全日制十年制中小学教学计划(试行草案)》,作为"文革"之后的第一个全国统一的中小学教学计划,该计划(试行草案)规定了中小学学制的时长(共10年,其中中学5年,按初中3年、高中2年分段;小学5年),统一秋季始业,并针对体育课程提出:"要重视体育,认真上好体育课,进行军事训练,加强卫生教育,切实开展群众性的课外体育活动和文娱活动,增强学生体质。"[1]强调体育课"要加强体育基础知识的教育和基本技能的训练,促进身体的正常发育,养成锻炼身体的习惯,培养坚强的意志和良好的道德品质。要参考《国家体育锻炼标准》安排教学内容"[2]。在具体课程设置方面,该计划(试行草案)对小学、初中、高中开设的课程进行了规定,其中体育课程从小学一年级到高中二年级均开设,每年级每周均为2课时。一共676课时。总课时数在全部课程中位居第四位(见表4-1)。

---

[1] 课程教材研究所.20世纪中国中小学课程标准·教学大纲汇编 课程(教学)计划卷[M].北京:人民教育出版社,2001:326.

[2] 课程教材研究所.20世纪中国中小学课程标准·教学大纲汇编 课程(教学)计划卷[M].北京:人民教育出版社,2001:329.

同年9月,教育部下发了《全日制中学暂行工作条例(试行草案)》《全日制小学暂行工作条例(试行草案)》,再次对全日制小学、初中、高中阶段设置的课程科目与属性进行明确规定,体育课程同样在小学、初中和高中均有开设。两个条例的颁布,在课程管理、课程实施、课程评价等多个方面进行了规定,明确了中小学教育发展的方针、任务及培养目标,对学生的学习既有统一的要求,又承认差别,提倡因材施教,以使学生各自在原有的基础上都得到不同程度的提高。这两个条例关注点更为全面,对恢复我国基础教育课程制度与教育教学秩序起了积极的作用。同时,《全日制中学暂行工作条例(试行草案)》提出,"中学阶段是少年青年身心发育成长的重要时期,必须重视和加强体育卫生工作";规定了中学阶段体育卫生工作的目的是"使学生自觉锻炼身体,讲求卫生,促进身体正常发育和机能的发展,增强体质;培养勇敢顽强,团结友爱,遵守革命纪律的道德品质";要求学生上好中学阶段的体育课,做好课间操,坚持课外锻炼等,且每天要有1小时;"适当组织各种运动队,培养骨干,推动群众体育活动"。[①]关于小学阶段的体育工作,《全日制小学暂行工作条例(试行草案)》认为"小学阶段是儿童少年长身体的重要时期,必须教育学生养成良好的生活习惯和锻炼身体的习惯,增强体质"[②]。

1981年3月,教育部对1978年1月颁布的教学计划的小学部分进行了修订,颁布了《全日制五年制小学教学计划(修订草案)》。该计划(修订草案)规定了小学开设的具体课程,并提出小学体育课程从一年级到五年级开设,每周2课时,小学五年一共360课时,占总课时数的百分比为7.8%(与音乐并列第三位)。该计划(修订草案)规定:"上好体育课,各年级每周各2课时不变。逐步加强浅易的体育知识和技能的教学,教育学生积极、正确地锻炼身体,养成锻炼习惯;积极开展课外体育活动,坚持每日的课间操和眼保健操,加强讲卫生的教育,促进学生身体的正常发育和健康成长。"[③]同年4月,教育部针对重点中

[①] 课程教材研究所.20世纪中国中小学课程标准·教学大纲汇编 课程(教学)计划卷[M].北京:人民教育出版社,2001:310.

[②] 课程教材研究所.20世纪中国中小学课程标准·教学大纲汇编 课程(教学)计划卷[M].北京:人民教育出版社,2001:320.

[③] 课程教材研究所.20世纪中国中小学课程标准·教学大纲汇编 课程(教学)计划卷[M].北京:人民教育出版社,2001:334.

学和条件(师资、设备和学生的学习基础)比较好的中学,制定颁发《全日制六年制重点中学教学计划(试行草案)》。该计划(试行草案)对初中和高中的学制、课程数量与具体科目进行了规定,要求初中阶段学习年限为三年,开设14门课程;高中的学习年限为三年,开设11门课程。并在高中开设了选修课。[①] 其中体育课程在中学的初中和高中阶段所有年级均开设,每周2课时,总课时为384课时。该计划(试行草案)更对体育基础知识和基本技能给予充分的关注,要求"要加强体育基础知识的教学和基本技能的训练。促进学生身体的正常发育,增强体质;教育学生积极锻炼身体,养成锻炼身体的习惯,培养坚强的意志和良好的道德品质"[②]。

表4-1 《全日制十年制中小学教学计划(试行草案)》中的课程设置

科目\周时数\年级	小学一	二	三	四	五	初中六	七	八	高中九	十	上课总时数
政治				2	2	2	2	2	2	2	448
语文	13	13	11	8	8	6	6	5	5/4	4	2749
数学	7	7	6	6	6	6	6	5	6	6	2072
外语			4	4	4	4	4	4	4	4	1080
物理							3	3	5	5	492
化学								3	3	4	306
自然常识				2	2						136
地理						3	2				160
历史							2	2	2/3		203
生物									2/		94

[①] 为了适应学生的爱好和需要,发展特长,《全日制六年制重点中学教学计划(试行草案)》规定在高二、高三设选修课。分两种形式:一种是单科性选修,即对某些课程的选修;一种是分科性选修,即在文科或理科方面有所侧重的选修。每周各4节。

[②] 课程教材研究所.20世纪中国中小学课程标准·教学大纲汇编 课程(教学)计划卷[M].北京:人民教育出版社,2001:340.

续表

周时数\科目 \ 年级	小学					初中			高中		上课总时数
	一	二	三	四	五	六	七	八	九	十	
农基								1/2		/2	78
生理卫生							1	1/			48
体育	2	2	2	2	2	2	2	2	2	2	676
音乐	2	2	2	1	1	1					328
美术	2	2	1	1	1	1					290
并开科目	5	5	6	8	8	9	9	10/9	8	8	
每周总时数	26	26	26	26	26	28	28	28	29	29	9160
兼学				每年四周			每年六周			每年八周		上课总时数系除复习、考试外的实际上课总时数

资料来源：课程教材研究所.20世纪中国中小学课程标准·教学大纲汇编 课程（教学）计划卷[M].北京：人民教育出版社，2001：329.

此外，教育部还针对尚未过渡到六年制的重点中学和条件比较好的中学颁发了《全日制五年制中学教学计划试行草案的修订意见》。该意见规定了初中阶段开设14门课程和高中阶段开设11门课程。并规定体育课从初一到高二开设，每周2课时，五年体育课总课时为320课时。

纵观这一时期教学计划、条例等对中小学课程设置的规定，不难看出其恢复了"文革"前实施的分科课程模式以及开设的主要课程，在体育课程开设上将"文革"时期的"军事体育"更名为"体育"课，规定中小学每个年级均开设，周课时稳定在2课时。从此，"文革"中遭到破坏甚至取消的课程得到恢复，体育课程的课时数也得到了有效保证，这为新时期中小学体育工作的发展奠定了坚实的基础。

2.中小学体育教学大纲的颁布

在1977年制订中小学教学计划的同时,教育部也成立教材编审领导小组,着手推进全国中小学教学大纲的编制和教材的编写工作。1978年3月,教育部印发《全日制十年制学校小学体育教学大纲(试行草案)》和《全日制十年制学校中学体育教学大纲(试行草案)》,两部大纲(试行草案)的颁布对当时中小学体育工作的拨乱反正起到了积极的作用。

(1)全新界定中小学体育课程目标

两部大纲(试行草案)将体育看作学校教育的重要组成部分,是全面贯彻党的教育方针的一个重要方面。为发挥学校体育服务培养现代化建设人才的作用,在中小学体育课程目标方面,两部大纲(试行草案)着重强调了三个方面的目标定位:根据中小学学生的年龄特点,有计划有组织地锻炼学生的身体;使学生学习和掌握与其所处发展阶段相匹配的体育的基础知识、基本技能和技术;教育学生热爱党、热爱社会主义祖国,提高他们为革命锻炼身体的自觉性。[①]从对中小学体育课程目标的规定来看,两部大纲(试行草案)不仅强调了增强学生体质的课程核心价值期待,还继承了新中国成立初期重视学生掌握体育知识、技能并结合体育教学进行思想政治教育的传统。

(2)明确规定体育教材编写的原则

在体育教材编写原则方面,两部大纲(试行草案)提出了五项原则:(1)坚持无产阶级政治挂帅;(2)以有利于增强学生体质为准则;(3)教材要体现科学性;(4)因地制宜,从实际出发;(5)体现民族的特点。在体育教材编写的原则上,由于两部大纲(试行草案)颁发于党的十一届三中全会召开之前,全党、全国在当时仍未彻底冲破"两个凡是"的禁锢,"左"倾错误思想没有被完全清除,思想路线、政治路线以及组织路线还有待进一步拨乱反正,因此,在教材编写原则上依然有"坚持无产阶级政治挂帅""用无产阶级政治统帅业务"的表达,但总体上有较高的科学性,相对于"文革"时期"以军代体""以劳代体"的思想和做法无疑是重大的改变与进步。

---

① 课程教材研究所.20世纪中国中小学课程标准·教学大纲汇编 体育卷[M].北京:人民教育出版社,2001:554.

（3）清晰划定中小学体育各项教材的时数比重

大纲（试行草案）规定的中小学体育教材分为基本教材和选用教材两个部分。其中基本教材部分是各个学校体育课使用的主要教材，选用教材是各个学校根据自身的具体情况自主灵活选用的教材。小学阶段的体育基本教材和选用教材及各项目的课时数占比见表4-2。

表4-2　小学体育各项教材时数比重[①]

项目	百分比/% 年级	一	二	三	四	五
基本教材	体育基本知识	9	9	9	9	9
	走和跑、跳跃、投掷	24	24	24	24	24
	队列和体操队形、基本体操、技巧、支撑跳跃、低单杠	24	24	22	22	22
	游戏	30	30	26	20	20
	武术			6	8	8
选用教材		16	16	16	20	20
合计		100	100	100	100	100

注：上表是按每课时的75%的时间估算的，队列和体操队形、基本体操等教材，除用规定时数外，还可在其余25%的时间进行教学。

在中学阶段，体育基本教材的基本知识部分的课时有所减少，取消了游戏在基本教材中的课时，在队列、基本体操、技巧、支撑跳跃部分增加了单杠和双杠，新增了球类的课时，增加了武术的课时数量。选用教材则进一步拓展，包括技巧、支撑跳跃、单杠、双杠、排球、足球、乒乓球、手球、游戏、游泳、速度滑冰、民间体育（乡土教材）、武术等。中学阶段的教材及各项目的课时数占比如表4-3表所示。

---

① 课程教材研究所.20世纪中国中小学课程标准·教学大纲汇编 体育卷[M].北京：人民教育出版社，2001：93.

表4-3　中学体育各项教材时数比重[1]

项目	百分比/% 年级	一	二	三	四	五
基本教材	体育基本知识	6	6	6	6	6
	跑、跳跃、投掷	26	28	28	28	28
	队列、基本体操、技巧、支撑跳跃、单杠、双杠	26	24	24	18	18
	球类	14	14	14	12	12
	武术	8	8	8	6	6
选用教材		20	20	20	30	30
合计		100	100	100	100	100

注：上表是按每课时的75%的时间估算的，队列、基本体操等教材，除用规定时数外，还可在其余25%的时间进行教学。

从中小学体育各项教材的构成来看，体育教材内容的编排打破了以运动竞赛为中心的编排体系，基本沿用了以往按运动项目进行分类的方法。相对于1961年的大纲，这两部大纲(试行草案)充实了体育基本知识，并在体育基本知识中加入了相关卫生保健知识，强化了体育基础理论的内容。

(4)强调中小学体育课程的考核和评价

在体育课程的考核评价方面，两部大纲(试行草案)都重视体育课程的考核与评价，在小学体育教学大纲中，明确规定了小学各年级体育课考核项目及其标准。中学体育教学大纲则更明确地提出了体育课要建立考核制度，要求学校认真试行。其中，关于中小学体育课程考核的地位，两部大纲(试行草案)均强调体育课的成绩是衡量学校体育工作和学生全面发展教育效果的一个组成部分，也是检查评估体育教师教学质量的主要内容，要求各校和体育教师要

---

[1] 课程教材研究所.20世纪中国中小学课程标准·教学大纲汇编 体育卷[M].北京:人民教育出版社，2001:556.

认真考核学生体育课的成绩。要把中学体育课程的考核成绩纳入升级、毕业总成绩之中,并将其算作评选"三好生"的条件之一。在中学阶段考评的具体实施方面,大纲(试行草案)规定要采取综合评分法,主要由四个部分组成,包括体育课的出勤率和课堂表现(所占比重为10%)、体育基础知识(所占比重为20%)、身体素质和运动能力(所占比重为40%)、运动技能和技巧(所占比重为30%),同时大纲(试行草案)强调各地区可以根据本地的实际情况,增加考核项目,并明确规定了各部分考核内容的具体内容和评分标准。[①]总体来看,与1961年体育教学大纲相较而言,1978年的体育教学大纲在体育课程考核和评价方面的规定,体现出更加具体和详细的特点。

3. 中小学体育课程的实施

在中小学体育课程实施方面,这一时期中小学体育课程的实施强调复归"秩序"与"规范"。在1978年9月教育部颁发的《全日制中学暂行工作条例(试行草案)》和《全日制小学暂行工作条例(试行草案)》中,均凸显了教师在办学和教学中的重要作用,要求充分调动教师工作的积极性。在课程实施方面,条例(试行草案)把课堂教学看作教学的基本形式,强调在教学过程中要重视基础知识的教学和基本技能的训练,要求教学必须根据学生的特点和接受能力,既要有统一要求,也要承认差别、因材施教,使学生各自在原有的基础上都得到不同程度的提高。强调教师要启发学生的学习自觉性和积极性,实施启发式教学。在1978年颁布的《全日制十年制学校小学体育教学大纲(试行草案)》和《全日制十年制学校中学体育教学大纲(试行草案)》中,还对中小学体育课的实施提出要求,强调:教师要严格要求,建立必要的课堂常规,教师要在课堂中充分发挥好主导作用,充分调动学生的积极性,上好体育课,在中学体育教学中,还需要处理好普及与提高的关系、与学军相结合,等等。1978年相关条例、大纲的颁布,既有利于中小学体育课程实施的规范性,又推动了我国中小学体育教学秩序的恢复,对有效提高中小学体育教学质量起到了积极的促进作用。

---

① 详尽标准可参见课程教材研究所.20世纪中国中小学课程标准·教学大纲汇编 体育卷[M].北京:人民教育出版社,2001:636-644.

三、历史转变时期中小学体育课程改革简评

历史转变时期,随着学校体育工作全面拨乱反正工作的展开,"文革"时期"以政代体""以劳代体""以军代体"等扭曲的学校体育思想被清除,崭新的学校体育思想开始确立。在这新的学校体育思想的指导下,中小学体育课程教学的正常秩序也得到逐步恢复,结束了"文革"时期各地中小学体育课程教材混乱的局面,使中小学体育教育工作走上了健康发展的轨道。

首先,实现了学校体育思想领域的拨乱反正。这一时期,我国冲破了"文化大革命"时期的"左"倾学校体育思想的藩篱,对学校的体育工作进行了拨乱反正,树立起学校体育为"育人"总目标服务的思想,将增强体质作为学校体育的本质特征,确立了以增强学生体质为中心的全新学校体育教育思想。这一学校体育思想的确立,为当时学校体育工作的恢复、开展包括中小学体育课程建设提供了科学的指导思想。

其次,这一时期教学计划、条例等对中小学课程设置恢复了"文革"前实施的分科课程模式,规定中小学每个年级均开设体育课,周课时稳定在2课时,"文革"时期被肆意破坏乃至取消的体育课逐渐恢复,中小学体育课程制度回归正常轨道,体育课程的课时数也得到了有效保证。这有力地推动了党和国家教育方针的落实,同时也为新时期中小学体育工作的发展奠定了基础。

再次,颁发了全国统一的中小学体育教学大纲。大纲强调学校体育要为现代化建设需要的人才培养服务,强调结合体育教学的具体内容进行思想政治教育,正确体现了政治与业务的关系;强调中小学学校体育"以有利于学生体质为准则",以运动竞赛为中心的教材内容编排体系从此瓦解,教材编排采用以发展人体基本活动能力为主、兼顾运动项目的分类方法;要求学校体育要因地制宜、从实际出发,注重统一性和灵活性的结合,加大选用教材的比重;等等。这些无疑具有科学性。[①]中小学体育教学大纲的颁布和实施,结束了十年"文革"期间中小学体育课程长时间的"无序"状态,使全国中小学体育课程教

---

① 值得一提的是,这一时期还出现了学生体育课本。如:1982年,辽宁省鞍山市编写了中学体育课本,并在省内8个市试用,填补了新中国成立以后的历史空白。参见张庆新.中国近现代体育教材史的研究[D].北京:北京师范大学,2008:91.

学有"纲"可循,对当时中小学体育政策秩序的恢复起到了积极的作用。

最后,在中小学体育课程实施方面,这一时期中小学体育课程实施实现了"秩序"与"规范"的复归。要求全日制中小学的教学必须根据教育部统一规定的教学计划、教学大纲和教科书进行,要求必须在课堂中发挥教师主导作用并将课堂教学作为教学的基本形式,强调要重视基础知识的教学和基本技能的训练,要求教学必须根据学生的特点和接受能力,既要注意统一要求又要承认差别,进而因材施教。在教学过程中,教师既要建立必要的课堂规范,又要能够充分调动学生在学习方面的积极性,实施启发式教学,将体育课与课外体育活动紧密结合,等等。这些规定结束了"文革"时期的混乱局面,有效规范了中小学体育课程教学,推动了中小学体育课教学秩序的恢复,有利于中小学体育教学质量的提升。

当然,我们也不可否认全面拨乱反正需要一个过程,直到党的十一届三中全会之后我们党和国家才彻底实现了在思想路线、政治路线和组织路线上的全面拨乱反正,因此,党的十一届三中全会前颁发的相关体育课程改革文本中依然还有一些"左"的倡导和表达。但总体来看,这一时期的中小学体育课程改革在"文革"的废墟上构建起新的中小学体育课程框架,有效地推动了我国中小学体育工作的迅速恢复与发展。

第五章

建设有中国特色社会主义时期的学校体育思想与中小学体育课程改革(1983—2000)

1978年12月,党的十一届三中全会召开。全会作出了将党和国家工作重点转移到社会主义现代化建设上来的伟大战略决策,把我国带入了社会主义现代化建设的崭新阶段。1982年9月党的十二大召开以后,我国的改革开放事业逐步深入推进,我国进入了全面开创和建设有中国特色社会主义的历史新时期。在1984年10月至次年春季不足半年的时间内,中共中央先后通过了《关于经济体制改革的决定》和《关于科学技术体制改革的决定》,相继开展了经济体制和科技体制的改革。1985年5月,中共中央又颁布了《关于教育体制改革的决定》,意味着我国教育改革和发展踏入一个崭新的发展阶段。该决定强调"教育必须为社会主义建设服务,社会主义建设必须依靠教育",要求从"提高民族素质、多出人才、出好人才"的根本目的出发,树立科学和先进的教育观念,以教育体制为主要抓手转变与社会主义现代化建设不相适应的教育思想、教育内容、教育方法等,对如何把教育放在优先发展的战略位置作了具体部署。1986年4月,六届全国人大四次会议通过了《中华人民共和国义务教育法》,它标志着我国确立了普及义务教育制度,我国义务教育进入依法治教的新阶段。

1992年10月党的十四大召开后,我国改革开放和社会主义现代化建设事业进入一个新的发展阶段。党的十四大确立了"邓小平建设有中国特色社会主义理论"在全党的指导地位,大会明确提出了中国经济体制改革的目标是建立社会主义市场经济体制。同时,进一步强调要落实教育优先发展的战略地位。1993年2月13日,中共中央、国务院印发了《中国教育改革和发展纲要》。纲要强调:在新的发展形势下,我国教育工作的主要任务是遵循党的十四大精神,坚持党的基本路线,全面贯彻教育方针,面向现代化,面向世界,面向未来,加快教育的改革和发展,进一步提高劳动者素质,培养大批人才,建立适应社会主义市场经济体制和政治、科技体制改革需要的教育体制,更好地为社会主义现代化建设服务。1995年3月,《中华人民共和国教育法》颁布,标志着我国依法治教取得重大进展。1997年9月召开的党的十五大根据邓小平理论和党的基本路线,对我国跨世纪的社会主义现代化建设事业作出了新的战略部署,同时把发展教育作为社会主义文化建设的基础性工程,再一次提出了实施科教兴国的战略,[①]并且强调要"培养同现代化要求相适应的数以亿计的高素质劳动者和数以千万计的专门人才,发挥我国巨大人力资源的优势,这关系到二十一世纪社会主义事业的全局"[②]。党的十五大召开后,国务院又在1999年1月批转了教育部《面向21世纪教育振兴行动计划》,该计划是跨世纪教育改革和发展的建设蓝图,它提出:要实施"跨世纪素质教育工程",全面提高国民素质和民族创新能力,改革课程体系、教学方法和评价制度,在2000年初步形成现代化基础教育课程框架和课程标准,改革旧的教育内容和教学方法,推行新的评价制度,启动新课程的实验。1999年6月13日,中共中央、国务院颁发了《关于深化教育改革全面推进素质教育的决定》,指出:全党、全社会必须深化教育改革,紧密结合学校的办学宗旨,全面推进素质教育,构建一个充满生机与活力的中国特色社会主义教育体系,为科教兴国战略的实施作坚实的人才和知识储备。要求重新调整和改革课程体系、课程结构和课程内容,构建出国家课程和地方课程相结合的新的基础教育课程体系,改变以往学科体系过于复杂、脱离时代和社会发展以及学生生活实际的状况。在党的十二大以来社会主义建设的新形势、新环境之下,我国学校体育思想不断深化,中小学体育课程改革不断向纵深推进。

一、建设有中国特色社会主义时期的学校体育思想

在历史转变时期,"增强体质"论的学校体育思想开始确立,为当时学校体育工作的开展提供了指导思想,为我国基础教育体育课程教学的规范化、科学化奠定了认识基础。1982年党的十二大召开后,教育被列入经济发展的战略重点之一。1983年国庆前夕,邓小平同志为北京景山学校作了"教育要面向现代化,面向世界,面向未来"(简称"三个面向")的题词,为我国教育事业的改革和发展指明了方向。1985年《中共中央教育体制改革的决定》颁布,为我国教育事业的发展绘制了蓝图。在"增强学生体质为主"的基础上,整体效益的学校体育思想开始出现,学校体育思想开始实现"从单一的生物体育观向生物、

[①] 1995年5月,中共中央、国务院公布的《关于加速科学技术进步的决定》首次提出科教兴国战略。
[②] 何东昌.中华人民共和国重要教育文献(1991—1997)[M].海口:海南出版社,1998:4269.

心理和社会三维体育观的转变"①,国人"开始从生物、社会和心理三维体育观的坐标系里获得学校体育多功能、多目标的认识"②。整体效益的学校体育思想的出现初步建立起学校体育的目标体系,它不仅影响了学校体育实践的发展,而且为形成具有中国特色的学校体育理论体系奠定了初步基础。

1983年,教育部在西安召开了有关学校体育卫生工作的会议,在会议中把"四个为主"作为学校体育工作的指导思想,强调"学校教学工作各种活动的安排上,应贯彻'健康第一'的原则"。1984年10月,中共中央发布《关于进一步发展体育运动的通知》,提出"在本世纪末把我国建设成为体育强国,以增强全民族的体质,强国强民",要求"重点抓好学校体育,从少年儿童抓起。在增强学生体质的同时,积极开展业余体育训练"。③1985年中共中央发布的《关于教育体制改革的决定》,提出教育体制改革的根本目的在"提高民族素质、多出人才、出好人才"。1986年8月3日,李鹏在第二届全国大学生运动会开幕式上的讲话中指出,"学校体育教育是整个学校教育的重要组成部分,体育活动不仅有增强学生体质的作用,而且还有使学生发展智力、陶冶情操、锻炼意志、培养集体主义精神的作用"。在1986年第三届全国中学生运动会的开幕式上,国家教委④副主任何东昌在《加强中小学的体育教育,为提高全民族的健康水平打好基础》的讲话中指出:"在学校各种活动的安排上要重视体育,体育与其他各方面的教育同样重要。体育教育要始终把保证学生的健康放在第一位,增强学生的体质。""培养优秀运动员,必须从小抓起,从中小学抓起。首先要努力使全体学生的体质和运动水平达到合格的标准。然后再面向全体学生,发现和培养体育人才的后备力量。"⑤

1987年,国家教委分别颁发了新修订的《全日制小学体育教学大纲》和《全日制中学体育教学大纲》。大纲提出体育是学校教育的重要组成部分,强调体

---

① 李晋裕,滕子敬,李永亮.学校体育史[M].海口:海南出版社,2000:175.
② 陈融.新中国学校体育思想50年发展历程及其历史启示[M]//曲宗湖,刘绍曾,邢文华.新中国学校体育50年回顾与展望.北京:北京体育大学出版社,2000:38.
③ 国家体委体卫司.学校体育卫生工作文件选编[M].大连:辽宁大学出版社,1988:324.
④ 1985年6月18日,第六届全国人大常委会第十一次会议决定:为了加强对教育工作的领导,设立国家教育委员会。国家教育委员会成立后,教育部即撤销。
⑤ 何东昌.加强中小学的体育教育,为提高全民族的健康水平打好基础[J].学校体育,1986(5):6-7.

育教学的目的是:通过体育教学,增强学生的体质,促进儿童的身心发展,使学生在德育、智育、体育和美育等几方面得到全面的发展。体育教学的主要任务包括:首先,全面锻炼学生的身体;其次,使学生掌握体育的基础知识、基本技能和基本技术;最后,向学生进行思想品德教育。大纲首次提出了"发展学生个性",指出要"培养学生坚强的意志、勇敢顽强的精神和创造性",培养学生的社会责任感,"使学生懂得锻炼身体的基本原理和独立进行科学锻炼的方法,以适应终生锻炼身体和生活娱乐的需要"。大纲对体育课程目标的表达反映了教育界对学校体育心理学和社会功能的认同,标志着多目标多功能的体育教学思想体系的初步形成。

1988年8月,国家教委、国家体委、卫生部联合在南京召开全国学校体育卫生工作会议,再次强调学校体育的根本目的是增强学生的体质,促进学生身心的健康发展,为培养德、智、体全面发展的合格人才服务,为提高中华民族的整体身体素质打下良好基础。会议强调要正确处理四个关系:(1)处理好体育与智育、德育之间的关系。从育人的总目标出发,学校体育卫生工作应与德育、智育密切配合,为社会主义建设培养人才。(2)处理好增强全体学生体质与提升部分学生体育运动技术水平的关系。(3)处理好体育锻炼与卫生保健间的关系。(4)处理好继承民族文化遗产和吸收外国先进经验之间的关系。会议还对深化学校体育、卫生工作改革进行了研究和部署。[①]

1989年年底,国家体委伍绍祖主任在答《学校体育》记者问时,对学校体育工作提出了"五全方针"。其内容为:(1)要面向全体学生。(2)要德智体或再加上美劳,全面发展。(3)要充分发挥学校体育的全功能,不仅促使每个学生学会体育的知识、方法,养成健康的体魄,也为优秀运动员的培养储蓄人才。(4)各个方面全都关心。(5)体育要贯穿教育的全过程。

1990年,《学校体育工作条例》颁布,该条例指出:"学校体育工作的基本任务是:增进学生身心健康,增强学生体质;使学生掌握体育基本知识,培养学生体育运动能力和习惯;提高学生运动技术水平,为国家培养体育后备人才。"强

---

① 会议还要求:深化体育课教学改革;积极实施学校体育合格标准和国家体育锻炼标准;努力完善课余体育训练体系;深化学生体育竞赛制度的改革;搞好体育卫生管理工作的改革。参见李晋裕,滕子敬,李永亮.学校体育史[M].海口:海南出版社,2000:153-154.

调"学校体育工作应当面向全体学生,积极推行国家体育锻炼标准"。该条例首次以法规的形式阐述了学校体育的多目标。在罗映清等人主编、1990年出版的《学校体育学》教材中"体育教学中思想品德教育的内容"部分,也明确强调了体育教学的心理目标与社会目标,要求:(1)培养热爱党、热爱社会主义祖国和热爱社会主义现代化建设事业的情感和意识;(2)培养勇敢、顽强、机智、果断等优良品质;(3)培养高度自觉的组织纪律性,养成团结、紧张、严肃、活泼的好作风;(4)培养良好的体育道德和社会行为;(5)培养社会主义体育的价值观念、人际关系、竞争意识和集体主义精神。[1]这些都强调了学校体育的"多功能"和"多目标",标志着我国确立了追求整体效益的学校体育思想。

1992年11月,国家教委分别颁发了《九年义务教育全日制小学体育教学大纲(试用)》和《九年义务教育全日制初级中学体育教学大纲(试用)》。《九年义务教育全日制初级中学体育教学大纲(试用)》规定:初中体育教学的主要目的在于"通过体育教学向学生进行体育卫生保健教育,增强学生体质,促进身心发展,培养德、智、体、美全面发展的社会主义建设者"。其中初中体育教学的基本任务是:全面锻炼学生身体;促进学生学习基础知识,掌握基本技术,发展基本能力;向学生进行思想道德教育。[2]小学体育教学的基本任务是:全面锻炼学生身体,促进学生正常的生长发育;初步掌握体育基础知识、基本技术和基本技能;向学生进行思想品德教育,陶冶美的情操。[3]1996年12月,国家教委体育卫生艺术教育司颁发了《全日制普通高级中学体育教学大纲(供试验用)》,规定高中体育的教学目的是:(1)全面锻炼学生身体,增进学生身心健康;(2)掌握体育的基础知识、基本技能,提高学生的体育意识和能力,为终身体育奠定基础;(3)培养学生良好的思想品德,陶冶学生情操。[4]中共中央、国务院于1993年2月印发了《中国教育改革和发展纲要》,该纲要要求进一步转

---

[1] 罗映清,曲宗湖,刘绍曾,等.学校体育学[M].北京:北京体育学院出版社,1990:142.
[2] 课程教材研究所.20世纪中国中小学课程标准·教学大纲汇编 体育卷[M].北京:人民教育出版社,2001:687-688.
[3] 课程教材研究所.20世纪中国中小学课程标准·教学大纲汇编 体育卷[M].北京:人民教育出版社,2001:221-222.
[4] 课程教材研究所.20世纪中国中小学课程标准·教学大纲汇编 体育卷[M].北京:人民教育出版社,2001:741-742.

变教育思想,改革教学内容和教学方法。该纲要提出:中小学要由应试教育转向素质教育的轨道,通过面向全体的学生,以全面提高学生的劳动技能、身体心理素质等等,促进学生生动活泼地发展。强调进一步加强和改进学校体育卫生工作,动员社会各方面以及家长关注学生的体质健康。①

1993年10月,《中华人民共和国教师法》颁布。教师法明确强调教师要"关心、爱护全体学生,尊重学生人格,促进学生在品德、智力、体质等方面全面发展"。1995年3月、1995年8月,又相继颁发了《中华人民共和国教育法》《中华人民共和国体育法》。教育法明确规定:"教育必须为社会主义现代化建设服务,必须与生产劳动相结合,培养德、智、体等全面发展的社会主义事业建设者和接班人",学校应当"保护学生的身心健康"。体育法明确指出"教育行政部门和学校应当把体育当做学校教育的构成部分,培养德、智、体等方面全面发展的人才",又从不同侧面强调了学校体育对"树人"的重要性和价值。

整体效益学校体育思想强调看待学校体育要通过教育与体育这两大系统,追求学校体育所具备的多种功能,如健身、增强体质、教育、促进学生个体社会化以及竞技娱乐等,建立起多层次、多样性的学校体育目标体系,极大改变或者更新了国人对学校体育尤其是学校体育目标和功能的认识。伴随着整体效益学校体育思想的确立,20世纪80年代中期至90年代中后期,我国又涌现出了如"快乐体育""主体体育""成功体育""终身体育"等多种体育教学思想,这些思想从不同理论基础出发,从不同角度丰富了我们对学校体育的认识。

"快乐体育"思想最早见于20世纪80年代初,在20世纪80年代中期由日本传入,在20世纪90年代中后期受到广泛重视。该思想强调以终身体育与个人发展的需要为出发点,以情感教学为抓手,开展健全的人格教育和身体教育;强调"寓教于乐",在体育运动中使学生获得内在乐趣,从而自觉主动地参与体育。其关键是将全面育人当作体育教学的出发点与终点,把终身体育视为体育教学的目标,强化培养情感、兴趣、创造力、个性和能力,以教师"乐教"、学生"乐学"为中介,实现学生主动的体育学习和愉快的发展。②

---

① 何东昌.中华人民共和国重要教育文献(1991—1997)[M].海口:海南出版社,1998:3467-3473.
② 傅砚农,曹守和,赵玉梅,等.中国体育思想史(现代卷)[M].北京:首都师范大学出版社,2008:256.

鉴于"快乐体育"容易引起"学生想干什么就让他干什么"的误解,在成功教育、快乐教育的影响下,又出现了"成功体育"的学校体育思想倡导。该思想主张在体育教学中要使学生获得成功的体验和乐趣,使学生在成功中培养兴趣、增强自信、养成习惯、提高能力、增进身心健康,可谓"快乐体育"思想的一种完善和发展。

"主体体育"思想强调在体育教学中既要充分发挥教师的主导作用,又要充分发挥学生的主体作用。20世纪50年代学习苏联体育教育经验以来,体育教学中重视教师主导作用发挥的观念开始牢固树立,对体育教学质量提升产生了积极的影响。20世纪80年代,学生的主体地位和作用开始受到体育教育界的广泛重视,强调在体育教学中注意发挥教师主导作用的同时必须充分注意发挥学生的主体作用,使学生成为体育教学的积极参与者,让学生通过自己的学习活动获得知识、技能,发展体力、智力。"在体育教学过程中,应该把教师主导作用与学生主体作用相结合,使学生在教师的主导作用之下,逐步把教育、教学任务变成自己的需要。"[①]

"终身体育"思想脱胎于"终身教育"思想。"终身教育"最早系由法国成人教育学家保罗·朗格朗(Paul Lengrand)正式提出,终身教育并不是指一个具体的实体,而是泛指某种思想或原则,或者说是指某种一系列的关系与研究方法。概括而言,指人的一生的教育与个人及社会生活全体的教育的总和。1978年,联合国教科文组织通过的《体育运动国际宪章》第二条规定:"体育是全面教育体制内一种必要的终身教育因素,必须有一项全球的民主化的终身教育制度来保证体育活动和运动实践得以贯彻于每一个人的一生。"[②]20世纪80年代中期后,终身体育思想传入我国,开始受到体育学界的广泛重视。1987年颁布的《全日制中学体育教学大纲》确立了体育教学"一个目的""三项基本任务"的总目标。对"三项基本任务"的内涵也充实了新的内容和要求,如增加了"使学生懂得锻炼身体的基本原理和独立进行锻炼的科学方法,以适应终身锻炼身体和生活乐趣的需要"。在1995年6月20日国务院发布的《全民健身计划纲要》中,明确提出"各级各类学校要认真做好学校的体育工作,开展终身体

---

① 吴志超.如何区分"学生主体作用论"与"儿童中心主义"[J].学校体育,1992;(4).
② 傅砚农,曹守和,赵玉梅,等.中国体育思想史(现代卷)[M].北京:首都师范大学出版社,2008:259.

育,培养学生体育锻炼的意识、技能与习惯",强调学校体育是全民健身的重点、起点和基点。终身体育思想强调学校体育要适应终身体育的要求,培养学生终身参与体育活动的兴趣、习惯和能力,为终身体育打基础,使学生在体育文化修养、体育意识、习惯和能力方面受益。它"标志着学校体育思想的着眼点从过去一般只强调在校期间的效益(近期效益),跃升为追求长远效益和近期效益相结合"[①]。

总之,在全面建设社会主义的新时期,随着改革开放的推进,大量国外的学校体育思想的涌入,我国学校体育思想较之前一阶段更加丰富、更加多元。学校体育思想的大发展、大繁荣不仅有助于发展我国学校体育的理论体系,还为同期我国学校体育工作的开展尤其是中小学体育课程改革奠定了思想认识基础。

二、建设有中国特色社会主义时期的中小学体育课程改革

1.中小学体育课程的设置

(1)小学和初中体育课程设置

在小学体育课程设置方面,1981年,鉴于部分地方小学学制由5年改为6年,出现五年制和六年制并存的情况。1984年8月,教育部颁发《全日制六年制城市小学教学计划(草案)》和《全日制六年制农村小学教学计划(草案)》,对全日制六年制小学开设的课程数量和具体科目进行了明确规定。规定城市小学开设12门课程,农村小学开设11门课程,城市小学和农村小学在整个小学阶段内均开设体育课。其中城市小学的体育课低年级阶段每周2课时;中年级和高年级阶段每周2~3课时;六年的体育总课时数为408~544课时,位居全部课程课时数的第三位。农村小学体育课在小学一至六年级每周均为2课时;小学的体育总课时数为408课时,占总课时数的8.3%,位居全部课程课时数的第三位。

1986年《中华人民共和国义务教育法》颁布以后,我国基础教育课程开始

---

① 陈融.新中国学校体育思想50年发展历程及其历史启示[M]//曲宗湖,刘绍曾,邢文华.新中国学校体育50年回顾与展望.北京:北京体育大学出版社,2000:38-39.

改变"小学—中学"的传统分段设计而代之以"义务教育—高中"两阶段的设计。在义务教育阶段，1986年10月，国家教委公布了《义务教育全日制小学、初级中学教学计划（初稿）》以广泛征求意见。1988年9月，国家教委颁布了《义务教育全日制小学、初级中学教学计划（试行草案）》，该计划（试行草案）指出：在全日制小学和初中教育中，必须贯彻德、智、体、美全面发展的方针，实行教育与生产劳动相结合。①

《义务教育全日制小学、初级中学"六·三"制小学教学计划（试行草案）》对小学的课程设置作出了如下规定：小学阶段开设9门课程，六年的总课时数为4964课时，其中体育课贯穿整个小学阶段，小学低年级阶段每周开设2课时，中年级和高年级每周均开设3课时，六年的体育课时总数为544课时，占总课时的11.1%，位居全部课程课时数的第三位，与当时的六年制小学教学计划的课时数量整体持平，但占比有所提升。②《义务教育全日制小学、初级中学"六·三"制初级中学教学计划（试行草案）》对初中的课程设置作出了如下规定：初中阶段开设13门课程，三年的总课时数为3085课时（不包括活动），体育课初中三年均有开设，其中初一和初二每周开设3课时，初三每周2课时，三年的体育课时总数为268课时，占总课时的8.69%，位居所有课程课时数的第四位。与当时初中教学计划相比，体育课的课时数增加了68课时。③

对于"五·四"制的初中、小学，依据《义务教育全日制小学、初级中学"五·四"制小学教学计划（试行草案）》的规定：小学阶段开设9门课程，小学五年上课总课时为4590课时，其中体育课程在一、二年级每周开设2课时，三年级开始则每周开设3课时，小学五年体育课时总数442课时，占上课总时数百分比为9.6%（另在一到五年级每周设2课时的体育活动）。④与当时的五年制计划比较，小学体育课程课时增加了82课时。依据《义务教育全日制小学、初级中学

---

① 课程教材研究所.20世纪中国中小学课程标准·教学大纲汇编 课程（教学）计划卷[M].北京：人民教育出版社，2001：351.
② 课程教材研究所.20世纪中国中小学课程标准·教学大纲汇编 课程（教学）计划卷[M].北京：人民教育出版社，2001：356.
③ 课程教材研究所.20世纪中国中小学课程标准·教学大纲汇编 课程（教学）计划卷[M].北京：人民教育出版社，2001：354-355.
④ 课程教材研究所.20世纪中国中小学课程标准·教学大纲汇编 课程（教学）计划卷[M].北京：人民教育出版社，2001：358.

"五·四"制初级中学教学计划(试行草案)》的规定,初中阶段共开设13门课程,四年上课的总课时为3952课时,其中体育课程在初一、二两个年级每周开设3课时,在初三、四两个年级每周开设2课时,初中四年体育课时总数为336课时,占总课时的8.5%,位居全部课程课时数的第四位。[①]相比当时的教学计划,体育课的课时数增加了136课时。总体来看,与之前实施的教学计划比较,无论是小学还是初中,体育课程的课时数都有所增加。

1988年《义务教育全日制小学、初级中学教学计划(试行草案)》颁布后,经过长达四年时间的试行和修订,国家教委于1992年8月颁布《九年义务教育全日制小学、初级中学课程计划(试行)》。[②]

试行的课程计划在课程设置上,明确把九年义务教育阶段的中小学课程分为国家安排课程与地方安排课程两个部分。为了适应区域间的经济文化差异和学生发展的不同特点,《九年义务教育全日制小学、初级中学课程计划(试行)》除了规定中小学开设国家统一安排课程外,还规定各地可以根据本地实际情况和需要开展适合本地区的地方安排课程,这一课程设置方式,改变了我国在义务教育阶段课程体系中所有课程均由国家进行安排的局面,开启地方自主安排课程的先河,推动了我国课程管理制度的根本性改变。就国家安排的课程方面而言,《九年义务教育全日制小学、初级中学课程计划(试行)》中明确规定了小学阶段开设的9门课程,规定同时有条件的小学允许增设外语课;对于初中阶段,规定开设13门课程,另外针对就业和升学的相关讯息,开设短期的职业指导课。在国家安排的体育课程上,在小学阶段,主要强调基础知识和简单的体育运动技术的掌握,重在习惯的养成,通过体育锻炼增强学生体质,加强纪律观念,培养学生团结友爱、朝气蓬勃和勇敢顽强的精神;对初中阶段的体育课程设置要求则有所提高,强调要"使学生掌握体育基础知识和体育卫生保健知识,初步掌握基本运动技能。使学生养成自觉锻炼身体的习惯,促进身体正常发育,增强体质,进一步加强纪律观念,培养学生团结合作的精神、

---

① 课程教材研究所.20世纪中国中小学课程标准·教学大纲汇编 课程(教学)计划卷[M].北京:人民教育出版社,2001:357.
② 分"六·三"制、"五·四"制两种安排,计划规定全日制小学的起始年级,从1993年秋季开学开始实施,全日制初级中学起始年级实施时间,由各省、自治区、直辖市教育委员会、教育厅(局)决定,有条件的可以在1993年秋季与小学同时实施该课程计划。

竞争的意识和勇敢顽强的意志品质"[①]。在体育课程的具体课时安排上,对九年义务教育"六·三"学制全日制小学、初级中学:小学开设9门课程,总课时为4964课时,体育课每周小学一、二年级开设2课时,三到六年级开设3课时,课时总数为544课时,位于全部课程课时数的第三位;初中开设13门课程,总课时为3074课时,体育课初一到初三开设,每年级每周均为3课时,课时总数为300课时,位居全部课程课时数的第四位。体育锻炼和科技文体活动合在一起,小学一到六年级均为4课时,初中三个年级每周均为3课时。在九年义务教育"五·四"学制全日制小学、初级中学方面:小学开设9门课程,总课时为4590课时,体育课小学一、二年级每周开设2课时,三到五年级每周开设3课时,小学体育课时总数为442课时,位居全部课程课时数的第三位;初级中学开设13门课程,总课时为3594课时,体育课初一、二年级每周开设3课时,初中三、四年级每周开设2课时,初中体育课时总数为336课时,位居初中全部课程课时数的第四位。体育锻炼和科技文体活动合在一起,小学一年级到初中四年级每个年级每周均为3课时。与1988年国家教委颁布的《义务教育全日制小学、初级中学教学计划(试行草案)》相比,"六·三"学制中的小学、初中体育课时的安排有细微变化("五·四"学制小学和初中较1988年计划(试行草案)无变化)。

1994年7月,国家教委发布了《实行新工时制对全日制小学、初级中学课程(教学)计划进行调整的意见》,用以贯彻实施国务院颁布的新工时制。对1992年的《九年义务教育全日制小学、初级中学课程计划(试行)》,在保持课程设置的结构不变的同时,对各个学科课时、活动课课时以及地方安排课程的课时进行了调整,减少了周课时总数。对当时教学计划的调整,有助于向新课程计划过渡,有利于减轻学生过重的课业负担并保持教学秩序的稳定。调整后的课程安排表在周课时、总课时上都有下降。具体到体育课程设置方面:"六·三"制的小学体育课每周小学一、二年级开设2课时,小学3~6年级每周开设3课时,小学体育课时总数为544课时,位居全部课程课时数的第三位;初中体育课每周一到三年级开设2课时,课时总数为200课时,位居全部课程课时数的第

[①] 课程教材研究所.20世纪中国中小学课程标准·教学大纲汇编 课程(教学)计划卷[M].北京:人民教育出版社,2001:375.

四位;同时将当时实行的1984年颁布的《全日制六年制城市小学教学计划》中规定的体育课三到六年级每周开设的2~3课时,调整为每周2课时。"五·四"制的小学,体育课从一年级到五年级每周开设2课时,课时总数为340课时,位居全部课程课时数的第三位;初中体育课初一年级每周开设3课时、初中二到四年级每周开设2课时,课时总数为302课时,位居全部课程课时数的第四位。

(2)高中体育课程的设置

在高中课程设置方面,我国普通高中当时实行的是1981年颁布的为重点中学制定的三年制教学计划。因为它是为重点中学专门制定的,普通的高中受到办学条件、师资水平的制约很难适应,又因该计划的课程结构比例失衡,以及受高考分科招生考试和缺乏对执行教学计划过程督导检查等因素影响,致使很多学校侧重于少开文科班级或者直接不开文科课程,侧重于少开理科班级或者直接不开理科课程,这对学生的全面发展无疑有不利影响。为解决此问题,1990年3月,国家教委印发了过渡性教学计划——《现行普通高中教学计划的调整意见》,该意见对高中阶段的教学计划进行了一系列调整,调整后的课程结构由学科课程和活动两部分组成。其中的学科课程有必修课与选修课两种形式,其中必修课开设数学、化学、政治、语文、生物、历史、地理、外语、物理、体育和劳动技术共11门课程;选修课分为两类,[①]一种为单课性选修,在高一、二年级开设;另一种为分科性选修课,在高三年级开设(高三学生至少要在选修课中选修两科,选修课结业后,进行考核)。在体育课程开设方面,该意见规定:体育在高一到高三均开设,每周2课时,高中三年总课时为184课时。另外规定高一到高三每周开展6课时的课外活动,其中体育锻炼3课时。与1981年高中教学计划相比,体育课程的每周授课时数没有变化,只是三年高中体育课程总课时比原计划减少了8课时。

为了适应国家颁布的新工时制要求,在1994年由国家教委印发了《实行新

---

① 单课性选修课在高一年级每周3课时,高二年级每周4课时。分科性选修课在高三年级开设。各类选修课的课时数可控制在以下范围内:物理为4~6课时;化学为3~5课时;生物为2~4课时;历史为4~6课时;地理为4~6课时;体育为2~3课时;职业技术为4~6课时;艺术为2~3课时。参见课程教材研究所.20世纪中国中小学课程标准·教学大纲汇编 课程(教学)计划卷[M].北京:人民教育出版社,2001:361.

工时制对高中教学计划进行调整的意见》，又对普通高中教学计划部分进行了一定的调整。该次调整尽可能不改变普通高中课程的整体结构的设置，适当调整了各类课程的课时比例，减少了周活动的总量；各类课程课时也进行了一定的调整，朝向普通高中新课程计划过渡；同时对艺术教育进行了一定加强，在普通高级中学开设了艺术学科。在体育课程设置方面，根据调整后的高中教学计划，高一到高三依然是每周2课时，高中三年共184课时。课外活动高一到高三每周由1990年《现行普通高中教学计划的调整意见》中的6课时改为5课时，体育锻炼依然是3课时。1995年4月12日，根据国务院修改职工工作时间的规定，国家教委又印发了《关于实行每周40小时工作制后调整全日制中小学课程（教学）计划的意见》，调整了普通高中课程的课时设置。对于体育课程的设置，依然是高一到高三每周开设2课时，高中三年共184课时。只是在课外活动上，高一到高三每周由5课时调整为4课时，其中的体育锻炼依然为2课时。

1996年3月，国家教委颁布了《全日制普通高级中学课程计划（试验）》，该计划依据《中华人民共和国教育法》和《中国教育改革与发展纲要》制定，适用于三年制普通高中，并且与九年义务教育课程计划相衔接，它以实现教育"三个面向"、充分发挥课程体系的整体教育功能和全面提高普通高中教育质量为指导思想，提出了普通高中的培养目标。

对于课程的设置，该计划指出课程结构以学科类课程为主、活动类课程为辅，学科类课程分为三种，包括必修、限定选修、任意选修。必修课程设有语文、外语、数学、体育、艺术、思想政治、化学、劳动技术等科；限定选修课程是在必修课程的基础上，对接受就业预备教育或者接受升学预备教育的进一步学习，该课程设有语文、数学、外语、地理、劳动技术等；在老师的指导下，学生可以根据自身爱好、兴趣，从学校可能提供的任意选修课程中进行自主选择修习。活动类课程包括班会、社会实践、校会、科技、体育锻炼（全体学生必须参加）、艺术（学生自愿选择参加）等。在体育课程开设方面，该计划规定高中体育课程在高一到高三开设，每周均为2课时，高中三年一共开设192课时，比1995年《关于实行每周40小时工作制后调整全日制中小学课程（教学）计划的意见》中的体育总课时增加了8课时。1997年,该计划从秋季开始在山西、江西、天津二省一市进行试验。

根据第三次全国教育工作会议和相关文件的精神,针对课程计划实施中出现的问题,教育部于1999年又对"试验课程方案"进行了一定的修订和完善,2000年1月,颁发了《全日制普通高级中学课程计划(试验修订稿)》[①],该计划依据《面向21世纪教育振兴行动计划》《中华人民共和国教育法》和《中共中央、国务院关于深化教育改革全面推进素质教育的决定》制订,以全面推进素质教育和全面提高普通高中教育质量为宗旨,提出了普通高中的培养目标。

在课程设置方面,该课程计划规定:普通高中开设语文、思想政治、数学、生物、体育与保健、艺术、综合实践活动等13门必修课程;开设7门选修课程,地方和学校要根据学生的兴趣、发展需要开设选修课程。在体育课程开设上,2000年课程计划将"体育"改为"体育与健康"课程,规定从高一到高三开设,每周均开设2课时。体育课程三年一共开设192课时,与1996年《全日制普通高级中学课程计划(实验)》相比没有变化。

2. 中小学教学大纲的改革

随着教学(课程)计划的调整,教学大纲也陆续制订和颁发。1986年全国中小学教材审定委员会成立后,在中小学体育课程方面陆陆续续制订、颁发了如下体育教学大纲。

(1)1987年《全日制小学体育教学大纲》《全日制中学体育教学大纲》

《全日制小学体育教学大纲》和《全日制中学体育教学大纲》于1987年1月由国家教委颁发,系在1978年大纲的基础上修改而成。这两个体育教学大纲有如下特点和内容。

其一,明确提出了"一个目的,三项基本任务"的体育课程目标。在学生素质结构上强调促进学生德、智、体、美几方面都得到全面发展;小学体育强调要为提高全民族的素质奠定基础,中学体育强调要把学生培养"成为祖国社会主义的建设者和保卫者"。在体育教学的基本任务上提出:全面锻炼学生的身

[①] 在原两省一市试验的基础上,2000年扩展到江苏、山东、河南、黑龙江、辽宁、安徽、青海等10个省进行试验,2001年秋季,试验范围扩大到25个省、自治区、直辖市。2002年秋季扩大到31个省、自治区、直辖市。参见《中国教育报》2002年5月28日第1版。

体,使学生掌握体育基础知识、基本技术和基本技能,向学生进行思想品德教育,强调让学生懂得体育的娱乐方法,适应终身锻炼身体和生活娱乐的需要,学会体育娱乐方法,发展学生的个性,培养学生坚强的意志、勇敢顽强的精神和创造性,陶冶学生美的情操、培养文明行为,等等。[1]

其二,在选编体育教材(确定体育教学内容)上,强调思想性、增强体质、科学性、理论与实践相结合、理论联系实际(小学)、教材多样性和兴趣性、全面性和兴趣性(小学)、统一性与灵活性相结合、体育教材与《国家体育锻炼标准》相结合等原则。与1978年大纲相比,新大纲强调了理论与实践相结合,强调了教材的多样性、兴趣性、灵活性以及与《国家体育锻炼标准》的联系。

其三,在体育课程内容方面:首先,大纲沿用运动项目和人体基本活动能力相结合的分类方法,小学低年级倾向于按人体基本活动能力分类,小学高年级和中学的教材一般按运动项目进行分类。小学基本教材包括体育常识和身体锻炼的实践教材两部分,实践部分包括基本动作、游戏、唱游、田径、基本体操、技巧与器械体操、韵律活动、武术、小球类;[2]中学基本教材分为体育基础知识和实践两部分,实践部分包括田径、基本体操、技巧与器械体操、球类、武术、舞蹈与韵律体操。[3]另外,中小学各个年级都设置了选用教材,选用教材主要是供不同地方、学校灵活选用。其次,大纲加大了教材的灵活性和适应性。如提高了选用教材的比重(小学为30%,初中为40%,高中为50%)。再次,增加了反映时代的舞蹈与韵律体操,降低了武术的比重。

其四,在体育课成绩考核上改变了过去只强调运动能力的达标测验,采用综合体育课出勤及课堂表现、体育基础知识、身体素质和运动能力、运动技能和技巧四部分的结构综合考核。中学体育课成绩考核构成为:体育课出勤及课堂表现占10%,体育基础知识占20%,身体素质和运动能力占40%,运动技能和技巧占30%。小学体育课成绩考核构成为:小学三到六年级体育课出勤及课

---

[1] 课程教材研究所.20世纪中国中小学课程标准·教学大纲汇编 体育卷[M].北京:人民教育出版社,2001:115-116,591-592.

[2] 课程教材研究所.20世纪中国中小学课程标准·教学大纲汇编 体育卷[M].北京:人民教育出版社,2001:118.

[3] 课程教材研究所.20世纪中国中小学课程标准·教学大纲汇编 体育卷[M].北京:人民教育出版社,2001:594.

堂表现占10%,体育基础知识占10%,身体素质和运动能力占40%,运动技能和技巧占40%;小学一、二年级体育课出勤及课堂表现占10%、身体素质和运动能力占40%、运动技能和技巧占50%,不考体育基础知识。[①]体育课的计分可采用百分制也可采用四级分制,也可以两种方法结合使用。此外,大纲对身体素质和运动能力、运动技能和技巧的考核内容规定了相应的考核项目和评分标准,制定了评分表,并规定各省、自治区、直辖市可根据本地实际情况作出相应调整。

(2)1992年《九年义务教育全日制小学体育教学大纲(试用)》《九年义务教育全日制初级中学体育教学大纲(试用)》

该套大纲于1992年11月由国家教委正式颁发,具有如下特点:

其一,明确了体育课程的属性、意义与体育教学大纲的指导性、权威性。该套大纲强调体育是义务教育的重要组成部分,体育课是义务教育阶段各年级的必修课程。强调改进和提高体育教学质量不仅对实现学校体育的总目标,增强体质具有重要意义,而且是完成九年义务教育,培养德智体全面发展的社会主义建设人才的重要手段之一。这套大纲明确指出是根据义务教育全日制小学、初级中学课程计划有关课程设置的规定与要求制订的,是编写体育教材、进行体育教学、评估体育教学质量和进行体育教学管理的依据,凸显了大纲的指导性与权威性。

其二,体育课程目标方面,沿用了1987年大纲中"目的+基本任务"的提法。在体育教学的目的表述中,强调向学生进行体育、卫生保健教育。在小学体育教学的目的中没有提及"美育";初中体育教学的目的中将"成为祖国社会主义的建设者和保卫者"改为"培养德、智、体、美全面发展的社会主义的建设者"。在小学体育教学基本任务中:在全面锻炼学生的身体方面,强调了要增强学生"对疾病的抵抗力";在掌握体育基础知识、基本技术和基本技能方面增加了"树立安全的观念""掌握日常生活所需要的实用技能""培养对体育运动的兴趣,养成锻炼身体的习惯"的要求;在向学生进行思想品德教育方面强化了"逐步养成遵守纪律,尊重他人,团结友爱,互相帮助等集体意识和良好作风"与

---

① 课程教材研究所.20世纪中国中小学课程标准·教学大纲汇编 体育卷[M].北京:人民教育出版社,2001:144.

"培养朝气蓬勃和进取向上的精神,注重能力的培养,启迪思维,培养学生的主动性和创造性"的要求。在初中体育教学三项基本任务中:在全面锻炼学生的身体方面同样增加了增强学生"对疾病的抵抗力"的强调;在掌握体育基础知识、基本技术和基本技能方面增加了"提高体育、卫生文化素养"的要求,强调要"掌握体育基本技能和基本技术,发展锻炼身体、日常生活和生产劳动的基本活动能力";在向学生进行思想品德教育方面,增加了"树立群体意识",强调培养学生的集体荣誉感、朝气蓬勃和进取向上的精神。在目标体系上,1992年大纲按学段(小学和初中)分别提出体育教学的目的、任务,各项教材的要求,各年级理论知识教学,身体锻炼,掌握运动技术的目标、各项身体素质和技术考核标准等,由此构成一个较为完整的具有层次、纵横有序的体育课程目标体系,比过去有较大的突破。

其三,在体育课程内容体系方面。①与1987年大纲相比,在确定体育教学内容的原则方面的主要变化是:提出了教育性原则、适应学生心理特征原则、理论与实际相结合原则、符合生理特征原则、继承和发扬民族传统体育原则、统一性与灵活性相结合原则、与《国家体育锻炼标准》相结合原则,没有提思想性原则、增强体质原则、科学性原则、教材多样性和兴趣性原则(小学:全面性和兴趣性原则)。强调体育教学内容必须反映我国社会主义现代化建设的需要和需求,从育人出发,面向全体学生,教学内容应体现社会主义方向性,要求要有利于学生学习、生活、生产劳动、终身体育锻炼,提高学生的文化素养,培养开拓精神和创造性,促进学生德、智、体全面发展。②从教材内容分类体系来看,大纲提出并采用了"综合分类"的方法。为了实现体育教学的综合效果,大纲采取了按基本部分与选用部分、理论与实践教学内容、各项运动的基本教学内容与发展身体素质练习教学内容等相互交叉的综合分类办法——小学整个教学内容分为基本部分和选用部分,基本部分分为理论教学内容和实践教学内容,以建立体育、卫生保健教育与身体锻炼相结合的体系,贯彻理论与实际结合的原则;在实践部分根据小学生的不同年龄阶段身心发展的特点,低年级以发展儿童身体的基本活动能力为主,教学内容分为基本运动、游戏以及韵律活动和舞蹈三项;中、高年级将各项运动的基本教学内容与发展身体素质练习教学内容分别排列,以保持运动项目固有的特点和增加锻炼身体的实效性。初中体育教学大纲为体现对初中学生的综合要求并且利于教学,也采取理论与实践、发展身体素质的练习与运动项目交叉综合分类的方法。为使教学内容体现统一性和灵活性相结合原则,教学内容分基本部分和选用部分,在基本部分中,既要保持运动项目的固有特点和系统性,又要加强身体锻炼的实效性。为此,把发展身体的练习,单独列项,自成体系,使运动项目的基本技术和发展身体素质的练习互相配合,以取得身体锻炼的最佳效果。③基本教材中,加大了理论知识的比重,充实提高了体育基础理论知识和卫生保健教育的知识内容;强化了"指导身体锻炼的基础理论知识和科学方法"。如初中的体育基础知识从1987年的每学年6%~8%,提高到1992年的每学年12%~14%;将原来的"武术"拓展为"民族传统体育",在原有武术的基础上,增加了我国传统的养生、保健知识和行之有效的健身术等内容,体现了在加强体育课程民族特点及中国特色方面的努力。[①]④与1987年大纲相比,这套大纲提高了基本部分教材的比重,选用部分有所降低,如1992年大纲中小学、初中各年级教材选用部分的比重分别为:小学一、二年级20%,三至六年级30%,四年制初中一年级30%,初中二至四年级16%~30%,三年制初中16%~30%,体现出加强了统一要求,保持了一定的选择性和灵活性。[②]

其四,这套大纲沿用了1987年体育教学大纲规定的结构考核和综合评定的方法,规定了各构成部分考核内容所占比重,对运动技能和技巧、身体素质和运动能力的考核内容规定了考核项目和评分标准,并制定了评分表。

其五,体育课程实施方面,强调认真贯彻大纲,体育教学必须与其他体育措施密切配合,积极进行体育教学改革,扩充改善体育场地、器材设备条件,建立体育教学的指标体系,加强研究工作。大纲还列入了小学"体育器材设施配备目录",以保证大纲的实施。

1994年国家教委印发《实行新工时制对全日制小学、初级中学课程(教学)

[①] 课程教材研究所.20世纪中国中小学课程标准·教学大纲汇编 体育卷[M].北京:人民教育出版社,2001:227-228,690-691,694-696.

[②] 课程教材研究所.20世纪中国中小学课程标准·教学大纲汇编 体育卷[M].北京:人民教育出版社,2001:227-228,690-691,694-696.

计划进行调整的意见》和《关于九年义务教育全日制小学、初中体育教学大纲（试用）的调整意见》，对九年义务教育全日制小学和初中体育教学大纲（试用）的授课时数、教学内容进行了一定的调整。

(3)1996年《全日制普通高级中学体育教学大纲（供试验用）》

该大纲于1996年12月由国家教委体育卫生艺术教育司颁发，从1997年9月起在山西、江西、天津两省一市开始试验。与1987年的中学体育大纲相比，主要有如下特点：

其一，明确了高级中学体育课程的性质。该大纲明确提出：体育学科是一门基础学科，是必修课程，是在初中体育课程的基础上实施的高一层次的基础教育的重要内容，由学科类课程和活动类课程组成。[1]

其二，该大纲直接提出高中体育教学的目的：①全面锻炼学生身体，增进学生身心健康；②掌握体育的基础知识、基本技能，提高学生的体育意识和能力，为终身体育奠定基础；③培养学生良好的思想品德，陶冶学生情操。[2]在每一方面均作进一步细化，丰富和发展了高中体育教学目的的内涵。

其三，明确确定教学内容的五个基本原则：①以育人为宗旨，符合教育方针和高中体育教学目的，能有效地增进学生身心健康，提高学生体育文化素养，有利于把学生培养成德智体等方面全面发展的社会主义事业的建设者和接班人。②要符合高中学生身心特点。③健身性和知识性相结合。既要选择健身性强的内容，也要重视体育文化的传递和高中学生必备的体育文化素养，选择文化价值高的内容。④继承性与时代性相结合。既要继承经过长期体育教学实践证明有利于实现体育教学目的的内容和优秀的民族传统体育文化，又要吸取国内外现代教育和体育科学发展的新成果、新内容，反映时代的特征。⑤统一性与灵活性相结合。在保证学生达到国家基本要求的前提下，适当增加限选、任选的内容和时间。

其四，体育课程结构方面。高中体育课程分为学科类课程和活动类课程

---

[1] 课程教材研究所.20世纪中国中小学课程标准·教学大纲汇编 体育卷[M].北京：人民教育出版社，2001：741.

[2] 课程教材研究所.20世纪中国中小学课程标准·教学大纲汇编 体育卷[M].北京：人民教育出版社，2001：741-742.

两部分。学科类课程的教学内容分为必选内容、限选内容和任选内容三部分;活动类课程是体育课程的有机组成部分,全体学生都必须参加学习。活动类课程的内容包括巩固、提高学科类课程的部分内容,娱乐体育与民间体育,以及多种多样的体育活动。关于课时分配,大纲规定学科类课程每周2课时,三年合计192课时;活动类课程每周至少1课时,三年合计不少于96课时;两类课程的总课时总计不少于288课时。[①]

其五,该大纲规定了考核内容、考核方式及计分方法。体育课成绩采用结构考核,成绩由体育课的出勤率和课堂表现(旷课4次以上或病事假超过总课时三分之一者,不计成绩)、体育、保健基本理论部分,基本运动能力,运动技能四部分构成。对基本运动能力、运动技能的考核规定了考核项目和评分标准,并制定了评分表。还调整了考核项目和标准的权限,规定省、自治区、直辖市一级教育行政部门可以对大纲规定的个别项目和标准作适当调整。

其六,体育大纲的实施要求方面。该大纲强调要全面实现体育教学目的,认真组织好活动类课程的教学,重视学生体育能力的培养,要求体育教学应和早操、课间操以及课外体育锻炼、课余体育训练、体育竞赛相配合,并要求不断改善体育教学条件(附《中学体育器材配备目录》),尤其是明确强调要保证高三年级的体育教学,要求严格按照大纲规定的体育教学目的、教学内容和要求,上足上好体育课,做好半天半小时的课间操和眼保健操,以维护和促进高三学生的身心健康。

(4)2000年《九年义务教育全日制小学体育与健康教学大纲(试用修订版)》《九年义务教育全日制初级中学体育与健康教学大纲(试用修订版)》《全日制普通高级中学体育与健康教学大纲(试验修订版)》

该套大纲由教育部颁发于2000年12月,是一套新一轮课改新课标颁发前的过渡性大纲,2001年9月起在全国正式实施。这套教学大纲主要有如下特点:

第一,以"健康第一"为指导思想,构建了全面、立体与多维的体育教学目标体系。该套大纲强调体育教学"以育人为宗旨(本)",通过与德育、智育和美

[①] 课程教材研究所.20世纪中国中小学课程标准·教学大纲汇编 体育卷[M].北京:人民教育出版社,2001:743.

育的配合,促进青少年身心的全面发展,为培养社会主义建设者和接班人做好准备(奠定良好的基础)。在该套大纲规定的体育教学基本任务中,在"全面锻炼学生身体,促进学生身心和谐发展"板块中,充实了"保护学生健康与安全,教育学生热爱生命,关心健康""适应自然和社会环境""促进学生身心健康发展,增强对挫折的承受力""提高身心素质和心理承受能力"等内容。在"学习和掌握体育与健康基础知识、基本技能与方法"任务中改变了过去以教会学生运动技术为中心的做法,强调学习运动技能只是达到身心健康的手段之一,通过体育教学,使学生学会学习,学会自我锻炼、自我评价,达到从"学会"到"会学"的转变,为终身体育奠定基础。如小学要"初步掌握体育的基本技能,会做游戏,会锻炼身体";初中要"初步学会运用科学的方法锻炼身体……能够初步运用获得的知识技能锻炼身体,进行自我调控,自我检测和自我评价";到了高中要"学会运用体育等手段增进健康……学会科学地锻炼身体的方法和技能,能够运用已学过的体育与健康知识、技能,自主设计锻炼计划,自我调控、自我检测和自我评价"。在"对学生进行体育价值观和思想品德教育"任务方面除继续强调"爱国主义、社会主义和集体主义教育"外,还突出了要"培养健康的心理素质",对学生进行"正确的体育价值观教育"等。[①]在小学教学大纲中,在必修内容中,还分低年级(一、二年级)、中年级(三、四年级)、高年级(五、六年级)三个阶段分别拟定年级目标;初中、高中每个年级也都分别制定了年级目标。

第二,明确选编和建构体育与健康教学内容的原则。小学、初中体育与健康教学大纲规定选编和建构体育与健康教学内容的原则有:①思想性和教育性原则;②增进健康和增强体质原则;③科学性和发展性原则;④健身性和文化性原则;⑤统一性和选择性原则。高中体育与健康教学大纲规定构建体育与健康课程内容的原则是:①教育性和发展性原则;②理论和实践相结合的原则;③科学性与可行性原则;④健身性和文化性原则;⑤统一性和选择性原则。

第三,在小学到高中均建立了必修与选修(含限选和任选)相结合的课程结构。小学必修内容1~2年级占70%,3~6年级占60%;选修内容1~2年级占

---

① 课程教材研究所.20世纪中国中小学课程标准·教学大纲汇编 体育卷[M].北京:人民教育出版社,2001:353-354,790-791,832-833.

30%，3~6年级占40%；初中必修和选修内容各占50%；高中必修内容占40%，选修内容占60%。①为减少教学的随意性，大纲把选用教材分为限制性选修和任意选修两类，限制性选修是指在必修教材的基础上，由学校根据学生的爱好和需要，结合学校实际情况，从大纲规定的限选内容中选定1~2项教学内容；任意选修部分包括了民族、民间传统体育项目、现代科学的健身方法、新兴体育项目、必修内容的提高与拓宽，以及由学校置换的其他内容。

第四，在体育教材内容体系方面。新大纲将原小学分六个年级构建教材内容改为按照小学低、中、高三个阶段安排。田径、体操教材是小学3~6年级的重点内容之一，武术被列为必修教学内容，其他形式的民族、民间体育项目与养生、健身方法被列为选修教学内容。初中田径、体操是重点教学内容，田径教材时数基本不变，相对增加体操教材时数，但均对内容作了必要的精简，武术教材的时数由过去的6%~8%增至10%。其他民族、民间传统体育项目中的养生、健身方法列入选修教学内容。高中田径和体操是重点教学内容，武术被列为必修教学内容，其他民族、民间传统体育项目和中国传统的养生、健身方法均被列为选修教学内容。②

第五，在大纲的贯彻执行要求方面。该套大纲强调：①正确认识体育的功能，明确体育与健康课的教学目的和任务，全面认识和实现体育与健康课的教学目标；②处理好大纲的统一性与选择性、灵活性的关系；③以学生为主体，处理好教与学的关系；④全面安排学校体育工作及体育与健康课的教学；⑤正确处理学习知识、技术和发展能力的关系；⑥加强教学改革，改进教学方法，提高体育与健康课教学质量；⑦体育与健康课的教学应与其他体育活动和相关课程相配合；⑧改善办学条件，在各自的基础上提高；⑨要保障高三年级的体育与健康课教学。

第六，在学生体育成绩考核及教学评价方面。新大纲强调课程考核与评价要打造"成为一项激励学生积极进取的机制"，强化课程评价的激励功能，使

---

① 课程教材研究所.20世纪中国中小学课程标准·教学大纲汇编 体育卷[M].北京：人民教育出版社，2001：355-356，793，836.
② 课程教材研究所.20世纪中国中小学课程标准·教学大纲汇编 体育卷[M].北京：人民教育出版社，2001：355-356，793，836.

每一个学生都能发挥自己的特长、补其所短,提高学习兴趣,激励进步。在评价的具体实施上,重视综合素质的考查和评价,重点考查学生的学习态度,实际参与实践活动的主动性、自觉性、积极性,是否刻苦锻炼,以及方法的灵活性和创造性,废除了原大纲规定的"结构考核"体系。考核评定成绩方面,实行优秀、良好、及格、不及格等级评定方法。在考核方式上除由教师考查学生出勤、学习态度、进步程度、动作质量之外,还强调要参考学生的自我评价和同学间相互评价的意见,最后对学生作出综合性等级评定。总之,体育成绩考核与评价充分体现了发展性课程评价的理念。

总的来说,相比之前的大纲,2000年颁发的教学大纲在体育课程的指导思想、课程目标、课程内容、课程结构、课程评价等方面都较过去有了很大变化,充分体现了学校体育的新观念和时代对学校体育工作的新要求。

3. 中小学体育教材的改革

在教材方面,在建设有中国特色社会主义时期,我国中小学教材制度和体育教材的多样化建设取得了很大进展。

首先,建立了"编、审分开""一纲多本"的教材制度。体育教材编审制度由"国定制"走向"审定制",体育教材"一纲多本""多纲多本"成为现实。

自20世纪60年代初以来,我国就提出了基础教育教材多样化建设的设想,如1963年颁发的《全日制中学暂行工作条例(草案)》《全日制小学暂行工作条例(草案)》曾规定:根据国家统一的教学计划和教学大纲,地方教育行政部门、学术研究机关、学者可以自编教材。在1983年的全国普通教育工作会议上也曾提出,要注意统一性和多样性结合的原则,在教材编写上,除专业队伍以外,鼓励大学和中小学中具有丰富教学经验和编写教材能力的教师、教育行政部门干部,科研单位的研究人员和其他有条件的专家、学者,按照统一的教学计划、教学大纲,或集体或个人编写教材,逐步做到中小学有可供选择的多种教材。但受限于相应的教材制度没有建立,我国基础教育教材多样化建设的设想难以成为现实。在这种背景下,改革教材制度,实施"编、审"分开已势在必行。1985—1987年,教育部(国家教委)先后颁发了《全国中小学教材审定委员会工作条例(试行)》《全国中小学教材审定委员会章程》《中小学教材审定标准》《中小学教材送审办法》。1986年9月,国家正式成立了全国中小学教材审定委员会及各学科教材审查委员会,执行对教材的审查和审定的任务。这标志着我国中小学教材制度由国定制改为审定制,为切实保证在统一要求、统一审定的前提下,实现"一纲多本"的改革,提供了制度的保障。从此,我国任何单位、个人在取得编写资格后均可编撰体育教材,经审定通过后自由选用。后来,又将部分地方编写并局限在地方选用的教材审查权力下放。如:1990—1996年,经全国中小学教材审定委员会审查通过,列入国家教委推荐目录的体育教材就有6套,由此形成了我国中小学体育教材"一纲多本"甚至"多纲多本"多套体育教材并存的局面,打破了我国高度集中统一的体育课程体制,是我国体育教材建设史上的一次重大进步。

其次,在具体教材编写出版方面。这一时期:①不少省市纷纷开始编写体育课本,体育课本数量日益增多。1986年4月,国家教委《关于编写体育课本在中小学试用问题给郑州市教育局复函》指出:"经与我委中小学教材办公室研究,同意你们组织编写中小学体育课本,并作为你市的实验教材试用。"强调"目前全国十七个省、市教育厅(局)所组织编写并试用的中小学体育课本,均可按照此精神办理"。①体育课本的出现,使教师和学生的教与学有所依据,有助于提高体育学科的地位和体育课教学的质量。②体育教材编写出版总体数量快速增长。这一时期,根据国家教委(教育部)颁发的教学(课程)计划和体育教学大纲,全国编写出版了数量众多的中小学体育教材。据不完全统计,1983—1985年全国编写出版小学体育教材37本,中学体育教材42本。②《中华人民共和国义务教育法》颁布后,中小学体育教材编写出版数量急剧增加。根据不完全统计,1986—2000年全国编写出版中学体育教材197册,编写出版小学体育教材107册。③这些教材编写体现了新的教学理念和思想,注重灵活性和适应性,教材的编排结构有所创新。如1993年以来经全国中小学教材审定

---

① 李晋裕,滕子敬,李永亮.学校体育史[M].海口:海南出版社,2000:241.
② 小学体育教材代表性的有:《小学舞蹈教学参考书》(陆奂奂、石秀茹编,人民教育出版社1983年出版)、《小学体育教材》(人民教育出版社体育室编,人民教育出版社1984年出版)。中学体育教材代表性的有:《中学体育教材》(人民教育出版社体育室编,人民教育出版社1984年出版)。参见张庆新.中国近现代体育教材史的研究[D].北京:北京师范大学,2008:86-88.
③ 张庆新.中国近现代体育教材史的研究[D].北京:北京师范大学,2008:107-109.

委员会审查通过并列入国家教委推荐目录的初中体育教材就有：彭杰主编的江苏省初中体育课本，王宗义主编的天津市初中体育课本，滕子敬主编的"五四"制初中体育课本，席炤主编的初中体育课本，王占春主编的初中体育课本。这几套教材各具特色，[①]虽然还存在名词术语、概念偏多偏难、较枯燥、内容篇幅较大、体例不够规范的不足和缺憾，但总体上具有如下共同特点：教学指导思想明确；教学内容比较全面系统；基本上紧扣了九年义务教育体育教学大纲的精神；课本体系结构符合学生用书要求；注意了从灌输式向启发式、从教师用书向学生用书的转变；从侧重知识性、技术性转向健康性、技术性、思想性、知识性、趣味性相结合；内容深广度注意了不同年龄阶段学生的接受能力，在此基础上增加了信息量和针对性；为便于阅读，既注重文字简明易懂，又注重增加插图的数量和提高插图的质量。[②]多种版本、多种风格教材的出现，打破了中小学体育教学千校一面、万人一书的局面，有助于提高中小学体育教学的质量。

4. 中小学体育教学方法的改革探索与创新

在中小学体育教学方法改革方面，以往体育教学主要重视教师教法的改革。20世纪80年代以后，学生学法的改革受到了普遍的关注和重视。阅读法、讨论法、观察法、比较法、互助法等重在发展学生自学、自练和创造能力的方法受到了关注并在实践中广泛运用，改变了过去学生被动地接受练习的状况。20世纪90年代以来，各地中小学体育教学的改革实验纷纷兴起，如1992年，湖南省开展了体育教学实验（即"小群体学习法"），该实验是在教师的指导下，学生可以结合成小群体，小群体可以充分发挥自主性，学生可自主、协同地进行学习。在体育教学实验中，学生可以自由地选择练习的手段、自由地进行结合、自由地交往、自由地支配练习时间。在具体操作方式方面，一个教学单元一般由4到6课时构成，一个教学单元的教学由准备—明确目标—学习—小结四个阶段组成。该探索取得了积极的成效。[③]1994—1995年，江苏常州、天津的一些中小学又进行了多种体育教学模式的实验。1996年，山东省济宁市教

[①] 李晋裕,滕子敬.深化学校体育教学改革的研究[M].北京:人民教育出版社,1999:11-12.
[②] 李晋裕,滕子敬,李永亮.学校体育史[M].海口:海南出版社,2000:241-242.
[③] 李晋裕,滕子敬,李永亮.学校体育史[M].海口:海南出版社,2000:246-247.

研室进行了"和乐教育"体育教改实验,从教学理念、教学组织方式、教学内容、教学手段等方面进行全面的整体改革,力求使体育课堂成为"学生的乐园"。1996年1月,国家教委办公厅下发了《"体育两类课程整体教学改革"的方案》,一些地区和学校又开展了中小学体育两类课程整体教学改革实验。上述改革与实验探索,对中小学体育教学改革产生了重要作用。

三、建设有中国特色社会主义时期中小学体育课程改革简评

列宁曾指出:"在分析任何一个社会问题时,马克思主义的绝对要求,就是要把问题提到一定的历史范围之内。"在《评经济浪漫主义》中,他进一步指出:"判断历史的功绩,不是根据历史活动家有没有提供现代所要求的东西,而是根据他们比他们前辈提供了新的东西。"如果以此作为历史分析的方法论来审视建设有中国特色社会主义时期我国的中小学体育课程改革,我们应当肯定这一时期的体育课程改革在新中国中小学体育课程建设史上所具有的地位和历史意义。

第一,在中小学体育课程改革的价值取向上回归"育人本位"的正确轨道。长期以来,我国中小学体育课程改革在价值取向上主要强调学校体育的"工具"属性,在价值取向上强调促进"人"的发展相对不足。20世纪80年代后期尤其是90年代以来,我国中小学体育课程改革更加注重学生素质的提高和培养。如1987年印发的中小学体育教学大纲,强调中小学体育课程要促进学生德、智、体、美几方面全面发展,"为提高全民族的素质奠定基础"(小学),"成为祖国社会主义的建设者和保卫者"(中学);强调体育教学任务在于"全面锻炼学生的身体""掌握体育基础知识、技术和技能"。1992年印发的教学大纲,明确提出了通过体育教学增强学生身体素质,让学生在身、心两个方面都得到成长。1996年颁发的高中体育教学大纲虽然没有突破"一个目的、三项基本任务"的课程目标结构,但明确提出全面锻炼学生身体,增进学生身心健康、提高学生的体育意识和能力,为终身体育奠定基础。明确强调要以育人为宗旨,增进学生身心健康,提高学生体育文化素养。2000年颁发的三个体育与健康教学大纲明确了以健康作为第一要务的指导思想,指出体育教育要以学生为本,

使学生身心协调、全面发展,并且提高学生的体育意识和体育能力,满足不同学生兴趣爱好和个性发展的需要,为终身体育奠定基础,等等。从课程的目标定位、教学内容、课程结构、管理、评价等方面进一步确认了学生的个体价值,体现了价值取向的重大变化。

第二,进一步强调了中小学体育课程的地位和功能。如1992年大纲强调体育课程是义务教育阶段的必修课。1996年高中体育教学大纲明确提出:体育学科是一门基础学科,是全日制普通高级中学的必修课程。2000年三个大纲均强调体育与健康课程是中小学必修课程中的一门基础课程。这些对体育课程属性的强调均体现了体育课程在中小学课程体系中的地位和作用。在体育课程的课时分配方面,这一时期体育课程的课时整体稳定,保证了体育课程价值的发挥。

第三,优化中小学的体育课程设置,按照义务教育阶段和高中阶段进行分段。《中华人民共和国义务教育法》把小学和初中列入义务教育阶段,克服了之前中小衔接的问题,实现了初中和小学在体育课程结构上的纵向联结。

第四,在教材编审制度方面实行"编、审分开""一纲多本",推动了我国高度集中统一的体育课程管理制度的改革。从此,我国的体育课程管理由原来的编审合一的"国定制"转变为"审定制"。教材制度"编、审分开",充分调动各地方参与教材编写,形成了我国中小学体育教材"一纲多本"、多套教材并存的局面,改变了体育教材"千校一面、万人一书"的局面。在具体教材的编写特点方面,此期编写的中小学体育教材尤其是20世纪90年代以后的体育教材,比较符合学生身心发展特点,重视健身性和知识性相结合、继承性与时代性相结合、统一性与选择性(灵活性)相结合、理论和实践相结合、思想性和教育性相结合,提高了体育教材的质量。这一时期体育课本的编写出版,改变了新中国成立以来体育课虽然是必修课但学生没有课本的局面,使教师和学生的教与学有所依据,有助于提高体育学科的地位和体育课教学的质量。

第五,体育课程管理体制和课程结构有了重大突破。1988年,国家教委审批通过了上海和浙江的自编课程、教学大纲以及教改方案,赋予其课程改革的自主权。国家教委批准上海市和浙江省进行课程教材全面改革实验后,1991年全国教材审定委员会又审查通过了上海市制定的九年义务教育《体育与保健学科课程标准》和浙江省制定的义务教育《体育与保健教学指导纲要》,通过后供实验用。这无疑是这一时期谋求改变我国基础教育课程高度统一的现状,实现课程统一性与灵活性相结合的努力。在1996年的《全日制普通高级中学课程计划(试验)》和2000年的《全日制普通高级中学课程计划(试验修订稿)》中,又提出普通高中课程实行国家、地方和学校三级管理体制,一定程度上改变了以往高度集中的课程管理制度。三级课程管理体制使地方和学校能更加灵活地根据各地发展实际进行调整,开办具有地方特色的体育课程。在体育课程结构方面,1996年以后普通高中体育课程形成了学科类课程和活动类课程构成的课程结构体系;2000年,在小学、初中、高中均建立了必修与选修(含限选和任选)相结合的课程教学内容结构,丰富和发展了体育课程的内容。

第六,体育教学方法方面,这一阶段的中小学体育课程改革重视教师的"教法"与学生的"学法"的结合,强调充分调动教师与学生、教与学双方的积极性。尤其是2000年教育部颁发的《全日制普通高级中学课程计划(试验修订稿)》[1]明确提出:应加强对学生创新精神和实践能力的培养,教师要通过创造性的教学活动促进每一个学生的发展,教师的课程实施要着眼于学生全面素质的提高,为学生健全人格的形成和态度、能力、知识诸方面的学习与发展创造条件,使学生的学习成为主动、富有个性的过程。为此,要求"倡导教学民主,建立平等的师生关系"。这些都体现了新的教学观念。

第七,在体育课程评价方面体现了发展性评价的理念。这一时期的课程评价以健康第一为指导思想,力求将体育与健康课程的考核与评价打造成为激励学生积极进取的助力器,使每一个学生都能发挥自己的特长、补其所短,提高学习兴趣,激励进步。在评价的具体实施上,重视综合素质的考查和评价,重点考查学生的学习态度,实际参与实践活动的主动性、自觉性、积极性,是否刻苦锻炼以及方法的灵活性和创造性,在课程评价上充分体现了发展性课程评价的理念。

第八,体育课程改革注重试验先行,逐步铺开,体现出了一定的理性精神。如在教学(课程)计划方面,《中华人民共和国义务教育法》颁布以后,1986年10

---

[1] 课程教材研究所.20世纪中国中小学课程标准·教学大纲汇编 课程(教学)计划卷[M].北京:人民教育出版社,2001:404-408.

月国家教委颁发了《义务教育全日制小学、初级中学教学计划(初稿)》,广泛征求意见,并进行一定范围的试验。国家教委于1988年9月颁发了小学和初中教学计划的试行草案。又经过四年的试行和修订,于1992年印发了义务教育阶段小学和初中的课程计划试行版,并不断地完善和修改。高中方面,1996年3月国家教委颁发了《全日制普通高级中学课程计划(试验)》,于1997年秋季在山西、江西、天津开始试验,经过修订完善,教育部于2000年颁发了高中课程计划试验修订稿。在体育教学大纲方面,1987年1月,国家教委颁发了新修订的全日制小学和中学的体育教学大纲(《全日制小学体育教学大纲》《全日制中学体育教学大纲》)。《中华人民共和国义务教育法》施行后,国家教委组织编写了义务教育小学、初中体育教学大纲的初审稿,于1988年11月颁布。经过1990年9月—1992年7月两年的试验后,1992年国家教委正式颁发了义务教育全日制小学和初中体育教学大纲试用版;1992年11月,国家教委又颁发了《九年义务教育全日制体育与健康教育教学大纲(初审稿供实验用)》。高中方面,1996年12月国家教委体育卫生艺术教育司颁发了与义务教育相衔接的《全日制普通高级中学体育教学大纲(供试验用)》,这个大纲从1997年9月起在山西、江西、天津两省一市开始试验。2000年底又颁发了《九年义务教育全日制小学体育与健康教学大纲(试用修订版)》《九年义务教育全日制初级中学体育与健康教学大纲(试用修订版)》和《全日制普通高级中学体育与健康教学大纲(试验修订版)》,于2001年9月起在全国正式实施。无论是教学(课程)计划还是体育教学大纲,均注意了试验先行、逐步铺开,在改革中体现了谨慎、理性的精神和态度。

当然,这一时期中小学体育课程改革也有其局限和不足。如:在义务教育教学(课程)计划中,开设课程门类过多,课时总量过大;语文、数学、外语等工具性课时过多,体育、音乐、美术三门学科占整个课时比重偏小,学科间课时比例不尽合理;地方安排课程偏少,体育课程的弹性不够大,统一性与灵活性及多样性较差的问题未能得到很好的解决;相对于义务教育阶段体育课程,高中的体育课程改革相对比较慢,对体育的课程改革较少;在课程设计方面,各阶段的衔接不够紧密,教学内容划分不明确,并有较多的重复;中小学体育教材选用教材在整个教材中比重较低,课程内容选择性幅度还不够大;在体育教学观念上体质教育观、竞技体育观、技术第一教学观等还在相当范围内存在,体育课程教学观念较为滞后;体育课程目标笼统,层次性与操作性不够强;体育课程内容与学生身心特点、需要、社会生活还存在一定的脱节现象,课程内容的开放性和现代性不够;体育课程实施过于注重接受学习、机械记忆和被动模仿,学生的自主、合作、探究学习体现不够;在体育课程评价方面过于强调评价的选拔与甄别功能,发展性、激励性不够;相比城市,农村中小学体育师资薄弱、教学条件普遍较差,影响体育课程教学的正常进行;更有甚者,一些地方学校受片面追求升学率影响,在高年级随意挤占、压缩体育课程课时,使体育课得不到正常开设;等等。这些,都一定程度上影响了体育课程改革的成效。

第六章 21世纪以来的学校体育思想与中小学体育课程改革（2001—）

如前一章所述,20世纪80年代初至20世纪90年代末我国学校体育思想与中小学体育课程改革相对于新中国成立以来的其他历史阶段,无疑有明显的发展、突破和创新。但由于各种原因,这一时期我国中小学体育课程改革也同样有其缺陷和不足,尤其是随着时代的不断发展,这一时期形成的中小学体育课程体系的弊端不断凸显。为了使我国基础教育事业适应科教兴国战略的需要,在世纪之交,我国又开始酝酿启动新一轮基础教育课程改革。1999年1月至2001年5月,《面向21世纪教育振兴行动计划》《关于深化教育改革全面推进素质教育的决定》《关于基础教育改革与发展的决定》三个文件颁布,对基础教育课程改革提出了明确要求。《面向21世纪教育振兴行动计划》提出对课程体系、评价制度、教学内容和教学方法进行改革,要求现代化的基础教育课程框架和现代化的基础教育课程标准要在21世纪初期初步形成。《关于深化教育改革全面推进素质教育的决定》针对课程学习中出现的过于重视学科体系、远离学生实际生活乃至时代发展要求等状况,提出要构建新的基础教育课程体系,改革原有课程体系的结构、内容。《关于基础教育改革与发展的决定》进一步提出要加快构建符合素质教育要求的新的基础教育课程体系,以学生年龄阶段体现出的认知规律和社会发展水平为依据,通过优化课程结构和更新课程内容等途径引导学生积极主动学习。2001年6月8日,教育部印发了经过反复修改和广泛讨论的新一轮基础教育课程改革的指导性文件——《基础教育课程改革纲要(试行)》。7月,教育部颁布了义务教育阶段17个学科18种课程标准的实验稿,审定了20个学科(小学7科、中学13科)的中小学课程实验教材。2001年秋季,全国38个国家级实验区成了义务教育各学科课程标准(实验稿)及其实验教材的实验基地并开始进行实验,新一轮基础教育课程改革轰轰烈烈展开。随着新一轮基础教育课程改革的正式启动,新一轮中小学体育课程改革随之正式起航,经过20多年的推进,我国全新的中小学体育课程体系业已形成。

一、世纪之交以来学校体育思想的发展

　　20世纪80年代以来,国外的学校体育思想随着我国开放的浪潮而大量涌

入。我国学校体育思想较之前一阶段更加丰富、更加多元,迎来了"百花齐放、百家争鸣"的局面。"整体效益学校体育思想""快乐体育""成功体育""终身体育""主体体育"等多种学校体育思想纷纷涌现,从不同角度丰富了我们对学校体育的认识,为我国学校体育工作的开展尤其是中小学体育课程改革奠定了思想认识基础。世纪之交以来,受到素质教育思潮的影响,"健康第一"的学校体育思想在学校体育工作的开展过程中涌现,终身体育思想进一步得到强化,我国学校体育思想在新的历史起点上获得了又一次飞跃。

"健康第一"体育思想的最早提出,始于新中国成立之初。早在1950年,毛泽东针对当时学生负担过重、健康水平下降的状况,在给时任教育部部长马叙伦的信中就提出:"要各校注意健康第一,学习第二。"世纪之交以来,随着素质教育思潮的出现和人们对健康问题的越发关注,尤其是经过对应试教育摧残学生身心健康的反思,"健康第一"学校体育思想开始在新的时代背景下涌现并不断强化,成为全社会的普遍共识和主流思想。

1999年6月,中共中央、国务院颁布了《关于深化教育改革全面推进素质教育的决定》,明确提出:"学校教育要树立健康第一的指导思想。"强调青少年拥有健康的体魄才能更好地为国家和人民服务,学校教育应确保学生体育课时间不被占用,教授学生掌握基本的运动技能,同时给学生提供良好的体育活动场所,以切实加强体育工作。2000年12月颁发的《九年义务教育全日制小学体育与健康教学大纲(试用修订版)》《九年义务教育全日制初级中学体育与健康教学大纲(试用修订版)》《全日制普通高级中学体育与健康教学大纲(试验修订版)》,在"构建体育与健康课程内容的依据、指导思想和原则"中明确提出要全面贯彻教育方针,以"健康第一"作为指导思想;在课程目标中强调"增进身体健康""培养健康的心理素质""促进学生身心健康发展",培养学生"健康的体魄",强调要"树立健康第一的思想,能够把健康与生存、学习、生活和自身的可持续发展联系起来,提高对体育的兴趣,积极主动地参与体育活动和竞争,提高体育欣赏水平,养成良好的体育锻炼习惯"。2001—2010年,《国务院关于基础教育改革与发展的决定》《中共中央 国务院关于加强青少年体育增强青少年体质的意见》《国家中长期教育改革和发展规划纲要(2010—2020年)》先后发布。2006年12月,教育部和国家体育总局下发了《关于进一步加强学校体育工作切实提高学生健康素质的意见》，提出青少年的健康是民族兴旺发达的基础，是社会发展的重要展现，学校教育应重视体育教学质量，促进学生身心健康发展。文件明确提出："青少年学生的健康是一个民族健康素质的基础"，学校体育是青少年身体健康和促进青少年全面发展的重要内容，它对青少年的思想品德、智力发育等方面的形成起着重要作用，同时学校体育也是进行集体主义教育，弘扬民族精神、传承民族文化的重要途径。强调"贯彻党的教育方针，全面实施素质教育，培养德智体美等方面全面发展的社会主义建设者和接班人，必须始终坚持健康第一的指导思想"；"学生的学习、生活、体育、娱乐、课外活动和休息的安排，都要按照健康第一的指导思想和青少年生长发育的规律进行"。2006年年底召开的全国学校体育工作会议提出应把提高青少年的健康素质纳入各地全面建设小康社会的总体目标，纳入教育工作和体育工作规划，并把青少年的体质健康状况作为评价教育工作和体育工作的重要指标。时任国务委员陈至立在会议讲话中强调要树立正确的教育观、人才观、健康观，齐心协力，共同把学校体育工作作为一件大事来抓，让"健康第一"在学校教育中真正得到落实。[①]2007年5月7日，中共中央、国务院下发的《关于加强青少年体育增强青少年体质的意见》指出，"当前和今后一个时期，加强青少年体育工作的总体要求是：认真落实健康第一的指导思想，把增强学生体质作为学校教育的基本目标之一"。2010年印发的《国家中长期教育改革和发展规划纲要（2010—2020年）》再次明确提出"把促进学生健康成长作为学校一切工作的出发点和落脚点"。2020年8月31日，体育总局、教育部印发了《关于深化体教融合 促进青少年健康发展的意见》，强调要加强学校体育工作，"树立健康第一的教育理念，面向全体学生，开齐开足体育课，帮助学生在体育锻炼中享受乐趣、增强体质、健全人格、锤炼意志，实现文明其精神、野蛮其体魄"。

由此，"健康第一"的学校体育思想不断得到强化。

从"健康"一词的内涵来看，"健康"并不只是限于体质一方面，而是包括社会的、身体的、生理的、心理的、道德的等全方位的健康。早在1949年联合国世界卫生组织（WHO）成立时公布的章程中，联合国世界卫生组织指出：健康是身

[①] 傅砚农,曹守和,赵玉梅,等.中国体育思想史(现代卷)[M].北京:首都师范大学出版社,2008:293.

体、心理和社会适应三方面都处于圆满的状态,健康并不仅仅只代表身体上没有伤病。1989年,联合国世界卫生组织进一步深化了对"健康"的认识,提出"健康"应当包括:(1)躯体健康;(2)心理健康;(3)社会适应良好;(4)道德健康。[1]意即"健康"是包括身体、心理、道德、社会在内的全面的健康。《全日制义务教育普通高级中学体育(1~6年级)体育与健康(7~12年级)课程标准(实验稿)》也指出:"一个人只有在身体、心理和社会适应方面保持良好的状态,才算得上真正的健康。""健康第一"体育思想意味着学校体育追求的是学生身体(生理)、心理、社会与道德全方位的健康,在学校体育的众多功能中,促进学生全面的"健康"是学校体育的首要功能,在学校体育工作中必须将学生的全面"健康"作为学校体育的首位目标,强调学校体育首先要为学生的健康服务。"健康第一"体育思想的提出,反映了世纪之交素质教育发展对学校体育的新要求,是"以人为本"核心价值观在学校体育中的直接体现,它蕴含了深刻的、科学的"人本"理念,凸显了学校体育内蕴的人性意义,体现了对学校体育功能、价值的科学认识。"健康第一"体育思想的确立,体现了学校体育的人文关怀,使学校体育真正走上"以人为本"的科学发展轨道,同时也为21世纪我国学校体育工作包括中小学体育课程改革提供了科学的认识基础。

世纪之交在"健康第一"的体育思想涌现的同时,终身体育思想也进一步得到强化。1996年颁发的《全日制普通高级中学体育教学大纲(供试验用)》明确将"掌握体育的基础知识、基本技能,提高学生的体育意识和能力"作为教学目的之一。在2000年颁发的《全日制普通高级中学体育与健康教学大纲(试验修订版)》中,再次明确了掌握体育与健康的基础知识和技能以及提升体育与健康的意识和能力是体育与健康教学的总目标之一。在2001年颁发的《全日制义务教育普通高级中学体育(1~6年级)体育与健康(7~12年级)课程标准(实验稿)》中,将"激发运动兴趣,培养学生终身体育的意识"作为"课程基本理念"之一;在2003年颁发的《普通高中体育与健康课程标准(实验)》中,又将"注重学生运动爱好和专长的形成,奠定学生终身体育的基础"作为"课程的基本理念"之一。终身体育思想关注学生终身体育意识及能力的获得,更加注重学

---

[1] 傅砚农,曹守和,赵玉梅,等.中国体育思想史(现代卷)[M].北京:首都师范大学出版社,2008:293.

校体阶段目标与长远目标的统一,不仅强调对保障终身健康幸福的体育知识、技能的学习,同时还强调终身健康必备兴趣、习惯的培养,从思想内涵上来讲,终身体育思想无疑是对"健康第一"体育思想的深化,是对"健康第一"思想在广度、深度上的延伸。终身体育观念的倡行,对21世纪初以来我国学校体育改革的深化具有重要的影响。

二、21世纪以来中小学体育课程改革的展开

世纪之交我国新一轮基础教育课程改革正式启动后,2001年6月8日,教育部印发了《基础教育课程改革纲要(试行)》。该纲要是我国新一轮基础教育课程改革的指导性文件,它对课程改革目标、课程结构和课程标准等九个部分作出了明文规定。在课程改革目标方面,强调新课程的培养目标应体现时代的要求,使学生成为具有人文素养和健康体魄的时代新人。该纲要提出了新一轮基础教育课程改革的培养目标和具体目标,在基础教育课程改革的具体目标中对课程内容、课程实施和课程评价等6个方面的课程改革目标进行了说明。课程改革强调引导学生学习基础知识和技能的同时引导学生正确价值观的形成,改变课程学习过程中过于注重知识传授的倾向,引导学生形成积极主动的学习态度。

2001年7月,教育部颁布了义务教育阶段包括体育在内的17个学科18种课程标准的实验稿,审定了20个学科(小学7科、中学13科)的中小学课程实验教材。2001年秋季,38个国家级实验区首先开展了义务教育体育等学科课程标准(实验稿)及其实验教材的实验。共计有70万中小学生和3万教师采用义务教育体育新课程,19科18种实验教材正式进入义务教育课堂。2001年11月19日,教育部又颁布了《义务教育课程设置实验方案》。2002年秋季,义务教育新课程的实验扩大了范围,启动了省级实验区的工作,义务教育体育新课程体系进入全面实验阶段,体育新课程实验开始从点向面过渡。2003年秋季,义务教育体育新课程的实验进一步扩大,到2003年秋季开学,全国已有1642个实验区、3500万中小学生开始实施体育新课程,参加新课程实验的县(区)数已达到全国县(区)数的55%。2004年秋季,在认真总结国家和省两级实验区的经

验的基础上,义务教育新课程的实验结束,义务教育新课程进入全面推广阶段。2005年秋季,全国各地绝大部分小学和初中的起始年级实施了体育新课程。

在普通高中方面,2001年秋季,教育部正式启动了普通高中新课程改革方案和课程标准的研制工作,课程方案和标准的研制工作与义务教育新课程实验同时进行。来自全国高等学校和科研院所的课程专家以及中学一线教师等总计1000多人共同参与高中课程方案和学科课程标准的研制工作。在广泛、深入的调查与研究的基础上,形成了高中课程方案(试行)和包括体育与健康在内的各学科的课程标准(实验稿)。2003年3月至2005年3月期间,教育部相继印发了《普通高中课程方案(实验)》和包括体育与健康在内15个学科的课程标准(实验)及《关于进一步加强普通高中新课程实验工作的指导意见》。2004年秋季,普通高中体育新课程首先在广东、山东、宁夏、海南等4省区进行实验。《关于进一步加强普通高中新课程实验工作的指导意见》的印发切实加强了对普通高中新课程实验工作的指导,建立健全了实验省(区)推进普通高中新课程实验的工作机制,提高了实验省(区)校长和教师开展培训工作的力度,推进了高校招生考试制度改革,对高中新课程实验工作的督导等方面提出了要求。2005年秋季,福建、江苏两省开始实施普通高中体育新课程实验,普通高中体育新课程的实验进入全面推广的阶段。2006年秋季起,福建、浙江、辽宁、安徽四省全面进行普通高中体育新课程实验,随后全国各省、自治区、直辖市普通高中起始年级陆陆续续开始实施体育新课程。

1. 中小学体育课程的设置

2001年6月,教育部印发《基础教育课程改革纲要(试行)》,7月颁布义务教育阶段17个学科18种课程标准的实验稿。2001年11月,教育部又颁布了《义务教育课程设置实验方案》供实验区使用。《义务教育课程设置实验方案》以"体现义务教育的基本性质,遵循学生身心发展规律,适应社会进步、经济发展和科学技术发展的要求,为学生的持续、全面发展奠定基础"作为指导思想,强调以均衡设置课程,加强课程的综合性、选择性作为义务教育阶段课程设置的原则。规定:小学开设品德与生活(1~2年级)、品德与社会(3~6年级)、科学

(3~6年级)、语文、数学、外语(3~6年级)、体育、艺术(或选择音乐、美术)、综合实践活动、地方与学校开发或选用的课程;初中开设思想品德、历史与社会(或选择历史、地理)、科学(或选择生物、物理、化学)、语文、数学、外语、体育与健康等课程。义务教育阶段九年总计9522课时。一至九年级九年体育课时总数占全部课程课时数的比例为10%~11%(参见表6-1)。为贯彻落实党的十八大、十九大精神,落实全国教育大会部署,全面落实立德树人根本任务,进一步深化课程改革,2022年3月25日,教育部颁发了《义务教育课程方案(2022年版)》和语文等16个课程标准,于2022年秋季学期开始执行。《义务教育课程方案(2022年版)》规定:小学开设道德与法治、语文、数学、外语(小学三年级起开设)、科学、信息科技(小学三年级起开设)、体育与健康、艺术、劳动、综合实践活动等国家课程;初中开设道德与法治、语文、数学、外语(英语、俄语、日语)、历史、地理、物理、化学、生物学(或科学)、信息科技(七、八年级)、体育与健康、艺术、劳动、综合实践活动等国家课程。地方课程由省级教育行政部门规划设置,校本课程由学校按规定设置(参见表6-2)。义务教育阶段九年总计9522课时保持不变。新修订颁布的《义务教育课程方案(2022年版)》区别于以往的主要变化在三个方面:一是完善了培养目标。《义务教育课程方案(2022年版)》结合义务教育性质及课程定位,从有理想、有本领、有担当三个方面,明确义务教育阶段时代新人培养的具体要求,以具体全面落实习近平总书记关于培养担当民族复兴大任时代新人的要求。二是优化了课程设置。该课程方案整合小学原品德与生活、品德与社会和初中原思想品德为"道德与法治",进行九年一体化设计;改革艺术课程设置,一至七年级以音乐、美术为主线,融入舞蹈、戏剧、影视等内容,八至九年级分项选择开设;科学、综合实践活动开设起始年级提前至一年级;为落实中央要求,将劳动、信息科技及其所占课时从综合实践活动课程中独立出来。三是细化了实施要求。增加课程标准编制与教材编写的基本要求;明确省级教育行政部门和学校课程实施职责、制度规范,以及教学改革方向和评价改革重点,对培训、教科研提出了具体要求;健全实施机制,强化监测与督导要求。在《义务教育课程方案(2022年版)》中,体育课在一至九年级开设,课程名称统称为"体育与健康",一至九年级体育与健康总课时数占九年总课时数的比例为10%~11%。与2001年《义务教育课程设置实验方案》规定的比例相同。

表6-1 《义务教育课程设置实验方案》中的课程设置

课程门类	年级									九年课时总计（比例）
	一	二	三	四	五	六	七	八	九	
	品德与生活	品德与生活	品德与社会	品德与社会	品德与社会	品德与社会	思想品德	思想品德	思想品德	7%～9%
							历史与社会（或选择历史、地理）			3%～4%
			科学	科学	科学	科学	科学（或选择生物、物理、化学）			7%～9%
	语文	语文	语文	语文	语文	语文	语文	语文	语文	20%～22%
	数学	数学	数学	数学	数学	数学	数学	数学	数学	13%～15%
			外语	外语	外语	外语	外语	外语	外语	6%～8%
	体育	体育	体育	体育	体育	体育	体育与健康	体育与健康	体育与健康	10%～11%
	艺术（或选择音乐、美术）									9%～11%
	综合实践活动									6%～8%
	地方与学校开发或选用的课程									10%～12%
周总课时数（节）	26	26	30	30	30	30	34	34	34	274
学年总课时（节）	910	910	1050	1050	1050	1050	1190	1190	1122	9522

说明：本表按"六三"学制安排，"五四"学制可参考确定。

表6-2 《义务教育课程方案(2022年版)》中的课程设置

	年级									九年总课时(比例)
	一	二	三	四	五	六	七	八	九	
国家课程	道德与法治									6%~8%
	语文									20%~22%
	数学									13%~15%
	外语									6%~8%
	历史、地理									3%~4%
	科学								物理、化学、生物学（或科学）		8%~10%
	信息科技									1%~3%
	体育与健康									10%~11%
	艺术									9%~11%
	劳动									
	综合实践活动									
地方课程	由省级教育行政部门规划设置									14%~18%
校本课程	由学校按规定设置									
周课时	26	26	30	30	30	30	34	34	34	
新授课总课时	910	910	1050	1050	1050	1050	1190	1190	1122	9522

说明：本表按"六三"学制安排，"五四"学制可参考确定。

在普通高中方面，2003年3月31日，印发了《普通高中课程方案(实验)》，该方案规定：高中课程结构由学习领域、科目、模块三个层次组成，课程设置了语言与文学、数学、科学等八个学习领域，每个学习领域设有相应科目。每一科目则由若干模块组成。模块之间既相互独立，又反映学科内容的逻辑联系。普通高中课程由必修和选修两部分构成，通过学分描述学生的课程修习状况。该课程方案还对高中三年学生毕业的学分提出了要求。在体育课程开设上，主要是专门设置了体育与健康学习领域，要求开设体育与健康科目，必须达到

11学分。总体来看,与之前体育课程设置相比,2001年《义务教育课程设置实验方案》和2003年《普通高中课程方案(实验)》(见表6-3)对体育课程设置的规定强调了课程均衡性、综合性和选择性的理念。

表6-3 《普通高中课程方案(实验)》中的课程设置

学习领域	科目	必修学分 (共计116学分)	选修学分Ⅰ	选修学分Ⅱ
语言与文学	语文	10	根据社会对人才多样化的需求,适应学生不同潜能和发展的需要,在共同必修的基础上,各科课程标准分类别、分层次设置若干选修模块,供学生选择。	学校根据当地社会、经济、科技、文化发展的需要和学生的兴趣,开设若干选修模块,供学生选择。
语言与文学	外语	10		
数学	数学	10		
人文与社会	思想政治	8		
人文与社会	历史	6		
人文与社会	地理	6		
科学	物理	6		
科学	化学	6		
科学	生物	6		
技术	技术 (含信息技术和通用技术)	8		
艺术	艺术或 音乐、美术	6		
体育与健康	体育与健康	11		
综合实践活动	研究性学习活动	15		
综合实践活动	社区服务	2		
综合实践活动	社会实践	6		

说明:

(1)每学年52周,其中教学时间40周,社会实践1周,假期(包括寒暑假、节假日和农忙假)11周。

(2)每学期分两段安排课程,每段10周,其中9周授课,1周复习考试。每个模块通常为36学时,一般按每周4学时安排,可在一个学段内完成。

(3)学生学习一个模块并通过考核,可获得2学分(其中体育与健康、艺术、音乐、美术每个模块原则上为18学时,相当于1学分),学分由学校认定。技术的8个必修学分中,信息技术和通用技术各4学分。

(4)研究性学习活动是每个学生的必修课程,三年共计15学分。设置研究性学习活动旨在引导学生关注社会、经济、科技和生活中的问题,通过自主探究、亲身实践的过程综合地运用已有知识和经验解决问题,学会学习,培养学生的人文精神和科学素养。

此外,学生每学年必须参加1周的社会实践,获得2学分。三年中学生必须参加不少于10个工作日的社区服务,获得2学分。

(5)学生毕业的学分要求:学生每学年在每个学习领域都必须获得一定学分,三年中获得116必修学分(包括研究性学习活动15学分,社区服务2学分,社会实践6学分),在选修Ⅱ中至少获得6学分,总计达到144学分方可毕业。

2003年印发的普通高中课程方案(和课程标准实验稿),指导了我国十年的高中课程改革实践,在全面推进素质教育中发挥了重要作用。但是,面对社会经济、科技文化发生的巨大变化以及新时代对人才培养提出的新挑战,2003年印发的普通高中课程方案逐渐暴露出自身局限和不足。于是,2013年教育部开始启动了普通高中课程方案的修订工作。为了落实党的十八大以来党和国家提出的关于立德树人的精神和要求,进一步深化基础教育课程改革,解决高中课改面临的问题和挑战,顺利推进与高考综合改革的衔接,教育部组织260多位专家对普通高中课程方案(还包括对语文等14门学科课程标准)进行了修订,经国家教材委员会审查通过,于2017年底印发了《普通高中课程方案(2017年版)》,于2018年秋季开始执行。高中新课程方案进一步明确了普通高中教育的定位,优化了普通高中的课程结构[1]。该方案规定:普通高中课程由

---

[1] 一是保留原有学习科目,调整外语规划语种,在英语、日语、俄语基础上,增加德语、法语和西班牙语。二是将课类别调整为必修课程、选择性必修课程和选修课程,在保证共同基础的前提下,为不同发展方向的学生提供有选择的课程。三是进一步明确各类课程的功能定位,与高考综合改革相衔接:必修课程根据学生全面发展需要设置,全修全考;选择性必修课程根据学生个性发展和升学考试需要设置,选修选考;选修课程由学校根据实际情况统筹规划开设,学生自主选择修习,学而不考或学而备考,为学生就业和高校招生录取提供参考。四是合理确定各类课程学分比例,在毕业总学分不变的情况下,对原必修课程学分进行重构,由必修课程学分、选择性必修课程学分组成,适当增加选修课程学分,既保证基础性,又兼顾选择性。参见中华人民共和国教育部.普通高中体育与健康课程标准(2017年版)[M].北京:人民教育出版社,2018:"前言"3-4.

必修、选择性必修、选修三类课程构成。普通高中开设语、数、外和综合实践活动等国家课程以及校本课程。高中学生毕业学分最低要求为144学分。其中，必修88学分，选择性必修不低于42学分，选修不低于14学分（含校本课程8学分）。体育与健康科目的学分要求为：必修12学分，选择性必修0～18学分，选修0～4学分。新的普通高中课程方案以及对体育与健康课程开设的规定，体现了鲜明的育人导向，思想性、科学性、时代性、整体性等明显增强（参见表6-4）。

表6-4 《普通高中课程方案(2017年版)》的开设科目及其学分安排

科目	必修学分	选择性必修学分	选修学分
语文	8	0～6	0～6
数学	8	0～6	0～6
外语	6	0～8	0～6
思想政治	6	0～6	0～4
历史	4	0～6	0～4
地理	4	0～6	0～4
物理	6	0～6	0～4
化学	4	0～6	0～4
生物学	4	0～6	0～4
技术（含信息技术和通用技术）	6	0～18	0～4
艺术（或音乐、美术）	6	0～18	0～4
体育与健康	12	0～18	0～4
综合实践活动	14		
校本课程			≥8
合计	88	≥42	≥14

2018年9月全国教育大会召开以来,为深入贯彻全国教育大会和党的十九届四中全会精神,落实立德树人根本任务,完善中小学课程体系,教育部组织对普通高中课程方案和语文等学科课程标准(2017年版)进行了修订,2020年5月11日印发了普通高中课程方案和语文等学科课程标准(2017年版2020年修订)。《普通高中课程方案(2017年版2020年修订)》规定:普通高中课程由必修、选择性必修、选修三类课程构成。普通高中开设语文、数学、外语、思想政治、历史、地理、物理、化学、生物学、技术(含信息技术和通用技术)、艺术(或音乐、美术)、体育与健康、综合实践活动、劳动等国家课程以及校本课程。高中学生毕业学分最低要求为144学分。其中,必修88学分,选择性必修不低于42学分,选修不低于14学分(含校本课程8学分)。体育与健康科目的学分要求为:必修12学分,选择性必修0~18学分,选修0~4学分。从修订后新的普通高中课程方案对体育与健康课程开设的规定来看,它与《普通高中课程方案(2017年版)》相比,没有变化。(参见表6-5)。

表6-5 《普通高中课程方案(2017年版2020年修订)》的开设科目及其学分安排

科目	必修学分	选择性必修学分	选修学分
语文	8	0~6	0~6
数学	8	0~6	0~6
外语	6	0~8	0~6
思想政治	6	0~6	0~4
历史	4	0~6	0~4
地理	4	0~6	0~4
物理	6	0~6	0~4
化学	4	0~6	0~4
生物学	4	0~6	0~4
技术(含信息技术和通用技术)	6	0~18	0~4
艺术(或音乐、美术)	6	0~18	0~4

续表

科目	必修学分	选择性必修学分	选修学分
体育与健康	12	0~18	0~4
综合实践活动	8		
劳动	6		
合计	88	≥42	≥14

2.义务教育体育与健康课程标准的颁布

在课程标准方面,为启动义务教育和普通高中课程改革实验,2001—2003年,教育部相继印发了《全日制义务教育普通高级中学体育(1~6年级)体育与健康(7~12年级)课程标准(实验稿)》《普通高中体育与健康课程标准(实验)》,后又颁发了《国家中长期教育改革和发展规划纲要(2010—2020年)》。根据《国家中长期教育改革和发展规划纲要(2010—2020年)》对基础教育课程教材提出的"坚持德育为先""坚持能力为重""坚持全面发展""调整教材内容、科学设计课程难度""深入研究、确定不同教育阶段学生必须掌握的核心内容"等任务要求,教育部又组织专家对义务教育体育与健康等课程标准进行修订,2011年12月28日,教育部颁发了《义务教育体育与健康课程标准(2011年版)》。2022年3月25日,教育部颁发了《义务教育体育与健康课程标准(2022年版)》。在普通高中方面,为应对社会经济、科技文化发生的巨大变化以及新时代对人才培养提出的新挑战,2013年教育部在启动了普通高中课程方案的修订的同时启动了普通高中各科课程标准的修订工作,经国家教材委员会审查通过,2017年12月29日,教育部又印发了《普通高中体育与健康课程标准(2017年版)》,于2018年秋季开始在全国实施。[1]

---

[1] 如无说明,本章以下关于课程标准的内容所引材料均出自:中华人民共和国教育部.普通高中体育与健康课程标准(2017年版)[M].北京:人民教育出版社,2018. 中华人民共和国教育部.普通高中体育与健康课程标准(实验)[M].北京:北京师范大学出版社,2003. 中华人民共和国教育部.全日制义务教育普通高级中学体育(1~6年级)体育与健康(7~12年级)课程标准(实验稿)[M].北京:人民教育出版社,2001. 中华人民共和国教育部.义务教育体育与健康课程标准(2011年版)[M].北京:北京师范大学出版社,2012.

《全日制义务教育普通高级中学体育(1~6年级)体育与健康(7~12年级)课程标准(实验稿)》于2001年印发并于同年秋季在全国38个国家级实验区开始实验。该课程标准的主要内容和特点主要有如下六个方面：

第一，它指明了体育与健康课程的性质与价值。在性质方面，它把体育与健康课程看作是一门以身体练习为主要手段、以增进中小学生健康为主要目的的必修课程，强调它是学校课程体系的重要组成部分，是实施素质教育和培养德智体美全面发展人才不可缺少的重要途径。强调增进身体健康、提高心理健康水平、增强社会适应能力、获得体育与健康知识和技能是体育与健康课程的价值所在。

第二，明确提出了课程的基本理念，包含四个方面：坚持"健康第一"的指导思想，促进学生健康成长；激发运动兴趣，培养学生终身体育的意识；以学生发展为中心，重视学生的主体地位；关注个体差异与不同需求，确保每一个学生受益。

第三，在课程标准的设计思路方面主要强调：根据课程目标与内容划分学习领域；根据学生身心发展的特征划分学习水平；根据可操作性和可观察性要求确定具体的学习目标；根据三级课程管理的要求加大课程内容的选择性；根据课程发展性要求建立评价体系。该课程标准的设计思路转"终结性评价"为"过程性评价"，重视评价过程中的学生参与，充分尊重了学生在体育学习中的主体性地位。

第四，在课程目标方面，分为课程总目标和学习领域目标两个大类。其中课程总目标包含知识与技能、兴趣和爱好、心理品质、责任感与生活方式、体育精神与生活态度五个方面，学习领域目标分为运动参与目标、运动技能目标、身体健康目标、心理健康目标和社会适应目标。

第五，在课程内容方面，该课程标准突破了原有体育大纲的课程内容按照体育运动项目进行划分的模式，对课程内容依据学习领域划分，共包含运动参与、运动技能、身体健康、心理健康、社会适应五个学习领域。同时对各个学习领域的内容进行了具体而细致的划分，且每个部分以六级水平叙述内容。

第六，在实施建议提出方面，该课程标准从教学建议、课程评价、课程资源的开发与利用、教材编写等多个方面提出了有针对性的实施建议。突出对学生健康、传统与现代的结合、多样化与开放性兼具等的重视。

2011年12月28日,教育部颁发了《义务教育体育与健康课程标准(2011年版)》。该标准有如下主要内容及其特点:

其一,明确规定了体育与健康课程的性质。该标准指出:体育与健康课程是以体育与健康知识、技能和方法为主要课程学习内容的课程,是增进学生健康的重要途径,其主要目标是培养学生终身体育意识和终身体育能力,在学校课程中具有重要地位。与2001年课程标准相比,该课程标准强调充分发挥体育的育人功能,极大地彰显了以人为本的健康教育理念。

其二,明确提出了坚持"健康第一"指导思想,强调培养学生养成体育锻炼习惯和意识等体育与健康课程等基本理念,促进学生健康成长和全面发展。

其三,在课程标准的设计思路方面,主要强调:课程目标体系及其内容应积极借鉴国际体育与健康课程的发展经验,以实现学生全面发展的需求为重要依据确定课程目标及体系。

其四,课程目标由课程总目标、学习目标两部分构成。课程总目标由掌握体育与健康的基础知识、基本技能与方法等五方面构成,和2001年课程目标相比增加了体育课程让学生体验运动乐趣的目标表述。

其五,内容标准方面。按四级水平划分,并从运动参与等四个方面对每级水平进行叙述,更便于阅读使用。

其六,针对教学、教材编写以及课程资源开发与利用等方面提出了实施建议。如在教科书编写上,提出应注意教育性、科学性、实用性、可读性、发展性、差异性,保留了2001年课程标准提出的教育性、发展性要求,删除了健康性、兴趣性,增加了科学性、实用性、可读性等表述;在课程资源开发与利用方面,主要针对体育设备和体育器具、课程内容资源、自然地理资源、信息资源、时间资源的开发与利用等方面提出了建议。

总体来看,相比于2001年版的义务教育体育与健康课程标准实验稿,2011年版义务教育体育与健康课程标准主要有如下重大变化:一是贯彻和落实了德育为先、育人为本、能力为重的思想,强调了学生创新精神和实践能力的培养并强调将正确的世界观、人生观和价值观渗透于体育与健康课程教学的全过程；二是总体控制了体育与健康课程内容的总量和难度，加强了学科与学段间的衔接；三是坚持了义务教育面向每一个学生的要求，强调了促进学生全面发展的教育理念；四是坚持与时俱进，及时反映了社会发展新动向，根据时代发展的新要求在强调弘扬继承中华民族优秀传统文化的同时要求及时吸收了科技进步的新内容、科技发展的新成果；五是注重学生学会学习，使学生获得基本知识、基本技能、基本活动经验、基本思想，并强化了对教师教学观念和教学行为的引导。

2022年3月25日，教育部印发了《义务教育体育与健康课程标准(2022年版)》，相比于《义务教育体育与健康课程标准(2011年版)》，其主要变化有以下几方面：一是课程标准基于义务教育培养目标，将党的教育方针具体化、细化为应着力培养的学生核心素养，体现正确价值观、必备品格和关键能力的培养要求。具体包括运动能力(体能状况、运动认知与技战术运用、体育展示或比赛)、健康行为(体育锻炼意识与习惯、健康知识与技能的掌握和运用、情绪调控、环境适应)和体育品德(体育精神、体育道德、体育品格)等三方面。二是优化了课程内容结构。该标准基于核心素养要求，遴选重要观念、主题内容和基础知识技能，精选、设计课程内容，优化组织形式。构建了由基本运动技能、体能、健康教育、专项运动技能、跨学科主题学习组成的课程内容结构体系。设计了如"钢铁战士""劳动最光荣""身心共成长""破解运动的'密码'""人与自然和谐美"等跨学科主题学习活动，加强学科间相互关联，带动课程综合化实施，强化实践要求。三是研制了学业质量标准。依据核心素养发展水平，结合课程内容，整体刻画不同学段学生学业成就的具体表现，形成学业质量标准，引导和帮助教师把握教学深度与广度，为教材编写、教学实施、考试评价等提供依据。四是增强了指导性。针对"内容要求"提出"学业要求""教学提示"，细化了评价与考试命题建议，注重实现教、学、考的一致性，增加了教学、评价案例，不仅明确了"为什么教""教什么""教到什么程度"，而且强化了"怎么教"的具体指导，做到好用、管用。五是加强了学段衔接。注重"幼小衔接"，基于对学生在健康领域发展水平的评估，合理设计小学一至二年级课程，注重活动化、游戏化、生活化的学习设计。依据学生从小学到初中在认知、情感、社会性等方面的发展变化，把握课程深度、广度的变化，体现学习目标的连续性和进阶性。要求要了解高中阶段学生特点和学科特点,为学生进一步学习做好准备。

表6-6 《义务教育体育与健康课程标准(2022年版)》与《义务教育体育与健康课程标准(2011年版)》的比较

	《义务教育体育与健康课程标准(2011年版)》	《义务教育体育与健康课程标准(2022年版)》
课程性质	体育与健康课程是学校课程的重要组成部分。本课程是以身体练习为主要手段,以学习体育与健康知识、技能和方法为主要内容,以增进学生健康,培养学生终身体育意识和能力为主要目标的课程。体育与健康课程具有以下特性:基础性、实践性、健身性、综合性。	体育与健康教育是实现儿童青少年全面发展的重要途径,对于促进学生积极参与体育运动、养成健康生活方式、健全人格品质、提升国民综合素质,推动社会文明进步,建设健康中国和体育强国,实现中华民族伟大复兴具有重要的现实和长远意义。 义务教育体育与健康课程以身体练习为主要手段,以体育与健康知识、技能和方法为主要学习内容,以发展学生核心素养和增进学生身心健康为主要目的,具有基础性、健身性、实践性和综合性等特点,是学校教育的重要组成部分,对促进学生德智体美劳全面发展具有非常重要的价值。
课程基本理念	1.坚持"健康第一"的指导思想,促进学生健康成长。 2.激发学生的运动兴趣,培养学生体育锻炼的意识和习惯。 3.以学生发展为中心,帮助学生学会体育与健康学习。 4.关注地区差异和个性差异,保证每一个学生受益。	1.坚持"健康第一"。以中国学生发展核心素养为引领,重视育体与育心、体育与健康教育相融合,充分体现健身育人本质特征,引导学生形成健康与安全的意识及良好的生活方式,促进学生身心健康、体魄强健、全面发展。 2.落实"教会、勤练、常赛",注重"学、练、赛"一体化教学。 3.加强课程内容整体设计。体现保证基础、重视多样、关注融合、强调运用等理念。 4.注重教学方式改革。强调从"以知识与技能为本"向"以学生发展为本"转变。 5.重视综合性学习评价。注重构建评价内容多维、评价方法多样、评价主体多元的评价体系。 6.关注学习个体差异。针对不同身体条件、运动基础和兴趣爱好的学生因材施教。

续表

	《义务教育体育与健康课程标准(2011年版)》	《义务教育体育与健康课程标准(2022年版)》
课程设计思路	1.根据学生全面发展的需求确定课程目标体系和课程内容。 2.根据学生的身心发展特征划分学习水平。 3.根据可评价的原则设置可操作和可观测的学习目标。 4.根据三级课程管理的要求保证课程内容的可选择性。 5.根据课程学习目标和发展性要求建立多元的学习评价体系。	
课程目标	体育与健康课程对于实施素质教育,培养学生的爱国主义、集体主义精神,促进学生德、智、体、美全面发展具有重要的意义。通过课程的学习,学生将掌握体育与健康的基础知识、基本技能与方法,增强体能;学会学习和锻炼,发展体育与健康实践和创新能力;体验运动的乐趣和成功,养成体育锻炼的习惯;发展良好的心理品质、合作与交往能力;提高自觉维护健康的意识,基本形成健康的生活方式和积极进取、乐观开朗的人生态度。 课程分为运动参与、运动技能、身体健康、心理健康与社会适应四个学习方面,各方面相应规定了具体目标。	(一)核心素养内涵 1.运动能力。 2.健康行为。 3.体育品德。 (二)总目标 1.掌握与运用体能和运动技能,提高运动能力。 2.学会运用健康与安全的知识和技能,形成健康的生活方式。 3.积极参与体育活动,养成良好的体育品德。 (三)水平目标 体育与健康课程依据核心素养达成度,分四个水平对课程目标进行细化。

续表

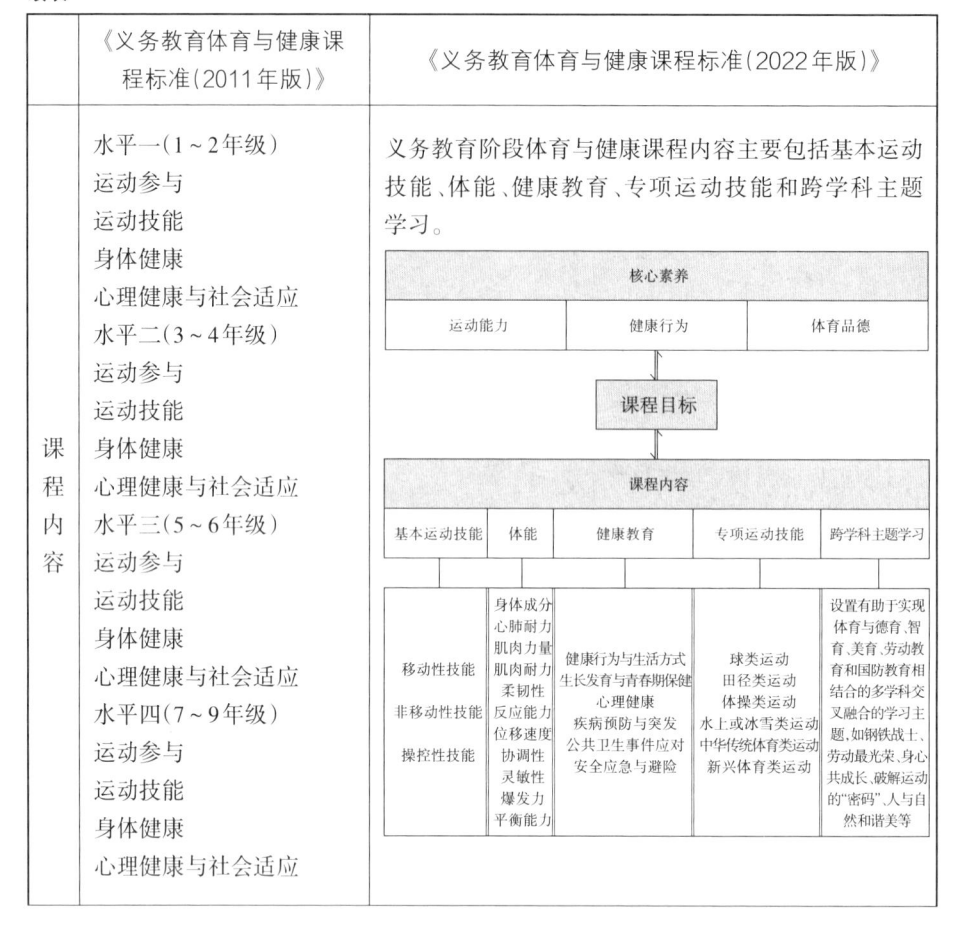

	《义务教育体育与健康课程标准(2011年版)》	《义务教育体育与健康课程标准(2022年版)》
课程内容	水平一(1~2年级) 运动参与 运动技能 身体健康 心理健康与社会适应 水平二(3~4年级) 运动参与 运动技能 身体健康 心理健康与社会适应 水平三(5~6年级) 运动参与 运动技能 身体健康 心理健康与社会适应 水平四(7~9年级) 运动参与 运动技能 身体健康 心理健康与社会适应	义务教育阶段体育与健康课程内容主要包括基本运动技能、体能、健康教育、专项运动技能和跨学科主题学习。 核心素养：运动能力、健康行为、体育品德 ↓ 课程目标 ↓ 课程内容 基本运动技能：移动性技能、非移动性技能、操控性技能 体能：身体成分、心肺耐力、肌肉力量、肌肉耐力、柔韧性、反应能力、位移速度、协调性、灵敏性、爆发力、平衡能力 健康教育：健康行为与生活方式、生长发育与青春期保健、心理健康、疾病预防与突发公共卫生事件应对、安全应急与避险 专项运动技能：球类运动、田径类运动、体操类运动、水上或冰雪类运动、中华传统体育类运动、新兴体育类运动 跨学科主题学习：设置有助于实现体育与德育、智育、美育、劳动教育和国防教育相结合的多学科交叉融合的学习主题，如钢铁战士、劳动最荣光、身心共成长、破解运动的"密码"、人与自然和谐美等

3. 高中体育与健康课程标准的颁布

在高中体育与健康课程标准方面，自21世纪初新一轮基础教育课程改革的启动以来，教育部先后颁布了《普通高中体育与健康课程标准(实验)》《普通高中体育与健康课程标准(2017年版)》。

《普通高中体育与健康课程标准(实验)》系教育部于2003年3月颁布，次年秋季开始在广东、山东、宁夏、海南等4省份进行实验。该标准主要有如下主要内容及特点：

第一，它明确规定了普通高中体育与健康课程的性质。体育与健康课程是以体育与健康知识、技能和方法为主要学习内容，以增进学生身体健康锻炼为主要目标的课程。明确提出体育与健康课程是高中课程体系的重要组成部分,是培养全面发展人才的重要途径。

第二,针对课程基本理念,该标准强调了四点。(1)坚持"健康第一"的指导思想,培养学生健康的意识和体魄。(2)新的体育与健康课程应体现时代性,课程内容和教学方式应进行改革;课程内容的遴选方面,为实现学生的终身发展,体育与健康课程内容应选择能为学生终身发展奠基的知识。(3)以学生发展为目标,帮助学生学会学习。(4)体育与健康课程实施中应该注重培养学生的运动喜好和运动专长。

第三,明确提出课程设计的思路:根据课程目标确定课程内容标准;根据课程内容特征确定必修内容;根据学生需求和爱好加大运动技能学习的自主选择性;根据可操作性和可观察性要求设置具体学习目标;根据课程的发展性要求建立评价体系。

第四,提出界定课程目标应从课程总目标和具体目标两个方面进行确定。标准中还针对高中体育与健康课程提出了总目标。在具体目标方面,标准从运动参与等五方面进行了阐发。

第五,该标准还针对教学、教科书编写等四方面提出了实施建议。如在教科书编写方面,提出应充分体现教育性等,教科书内容的选择和组织应该体现出多样性,强调高中学生身心发展和认知规律是组织课程内容的重要依据。

经过对2003年颁布的《普通高中体育与健康课程标准(实验)》近十年的试行,教育部于2013年开始着手对其进行修订。在长达四年的修订之后,教育部在2017年底颁发《普通高中体育与健康课程标准(2017年版)》,新颁布的高中体育与健康课程标准在课程性质、课程理念、学科核心素养与课程目标、课程内容、学业质量以及实施建议方面有自己的特点。

第一,在课程性质上,2017年的课程标准将普通高中体育与健康课程看作"是普通高中课程体系的重要组成部分,是面向全体高中学生的基础教育"。同时,强调体育与健康课程"对落实立德树人根本任务,发展素质教育和培养全面发展的人具有独特的功能和价值",突出了体育与健康课程的基础性、实践性、选择性以及综合性特点。同《普通高中体育与健康课程标准(实验)》相比,新的课程标准更加重视体育与健康课程对全体高中学生的基础性作用、对落实立德树人根本任务的突出价值,同时突出了体育与健康课程的选择性。

第二，在课程理念上，与2003年的《普通高中体育与健康课程标准（实验）》相比，2017年的课程标准提出要"落实立德树人根本任务"，重视学生的全面发展、提升学生的综合能力、塑造学生的优良品格，更加关照学生之间的差异，强调"尊重学生的学习需求""充分关注学生的体育与健康学习兴趣和需求"，提出要建立"多元学习评价体系"，推动教育评价的多元化发展。

第三，在学科核心素养与课程目标方面，2017年的课程标准将体育与健康学科的核心素养概括为运动能力、健康行为以及体育品德三个部分，其中体育品德被进一步细分为体育精神、体育道德和体育品格三个方面。同时提出体育与健康课程的总目标和分目标。与2003年的《普通高中体育与健康课程标准（实验）》相比，2017年的课程标准开创性地提出了体育与健康学科的核心素养；课程总目标增加了对学生的爱好、兴趣和积极性的关注，新增了"学会体育与健康学习和锻炼，增强科学精神、创新意识和体育实践能力""遵守体育道德规范和行为准则，塑造良好的体育品格""发扬体育精神，增强社会责任感和规则意识""培养学生在未来发展中应具备的体育与健康的正确价值观念、必备品格与关键能力""为新时代健康文明生活做好准备"等提法。课程分目标则将运动参与、运动技能、身体健康、心理健康和社会适应进一步凝练划分为运动能力、健康行为和体育品德三方面，并就这三个方面进行了逐步的分解和详细阐释。

第四，在课程内容方面，2003年的课程标准把课程内容分为五个部分，分别为运动参与、运动技能、身体健康、心理健康、社会适应；2017年版课程标准把体育与健康课程分为必修必学内容、必修选学内容两部分。必修必学内容含体能、健康教育两个模块。

第五，在学业质量的增设方面，增加了"学业质量"板块。针对必修必学和必修选学课程分别作了不同的要求。其目的在于使教师在教学过程中更加关注育人，更注重学生核心素养的培养，促进教、学、考有机衔接，形成育人合力。

第六，在实施的建议方面，从教学建议与学习评价、学业水平评价方案设计、教材编写、地方和学校课程实施方面提出建议。相对2003年的课程标准作了较大的调整。在教材编写方面提出具体要求：(1)要贯彻和落实党的教育方针以及立德树人根本任务，以健康第一为指导思想，突出体育的育人价值。(2)

教材编写要以培养学生学以致用为着力点,一方面让学生理解和掌握体育健康的知识和方法,另一方面促使学生学会运用科学的体育与健康知识和方法指导实践和生活。(3)在教材编写过程中要以学生发展为中心,突出学生的主体性,使学生爱读爱用,引导学生主动参与体育实践。(4)教材编写应改变单一、孤立地呈现知识的编写体系,要突出知识与运动情境、生活情境的联系,注重概念与概念、原理与原理、理论与实践之间的关联,引导学生用结构化的知识、技能和方法解决体育与健康的问题。(5)教材编写要重视和弘扬中华优秀传统文化中的武术以及民族民间传统体育等内容,增强学生对祖国优秀传统文化的自信和民族团结的意识;不同版本的教材在符合本课程标准精神的前提下,应努力体现鲜明的编写特色。(6)教材编写应特别注重与现代信息技术的融合,充分利用多种信息技术手段,指导学生通过多种途径运用丰富多样的音频、视频等数字化资源,使教和学更加生动、有效。在教材的内容选择上,强调:教材选择的内容主要包括体能知识、体育文化、运动原理和健康教育四个方面。对教材的呈现方式要求为:主要呈现体育实践课上不宜教与学的内容,使教材内容与体育实践课的内容紧密配合;倡导以问题解决为导向;倡导形式多样;教材开本应恰当,装帧牢固;版面设计应清爽、美观、大方,疏密得当;纸质、纸张颜色和字体等应符合国家有关标准,符合学生的身心健康要求。

总体来看,相比于2003年的《普通高中体育与健康课程标准(实验)》,《普通高中体育与健康课程标准(2017年版)》主要有如下重大变化:

一是凝练了学科核心素养。为建立核心素养和体育与健康课程教学的内在联系,充分挖掘体育与健康学科课程教学对发展素质教育的独特育人价值,体育与健康学科基于学科本质凝练了本学科的核心素养,强调对知识与技能、过程与方法、情感态度与价值观这三维目标进行整合,明确了学生在学习体育与健康学科课程后应达成的正确价值观以及关键能力。围绕运动能力、健康行为和体育品德这些学科核心素养的落实,2017年版体育与健康课程标准还对课程内容进行了精选、重组,明确内容要求,针对考试评价、教材编写两方面提出建议,引导体育与健康课程不仅关注知识的传授,更关注思想、思维等方面的引导,避免教学出现仅停留于传授知识的问题。

二是更新、精选了课程内容。2017年版课程标准从学科特点出发,以学科核心素养为纲,将课程内容分为必修必学内容、必修选学内容两部分。必修必学内容包含体能、健康教育两个模块。体能模块包括体能发展的基本原理与方法、测量与评价体能水平的方法、体能锻炼计划制订的程序与方法、有效控制体重与改善体形的方法等。健康教育模块包括健康的基本知识与技能,合理营养和食品安全,常见传染性和非传染性疾病的预防与控制,环境、健康与体育锻炼的关系,安全运动和安全避险,常见运动损伤的预防与处理,提高心理健康水平和社会适应能力等方面的内容。必修选学内容有球类运动、武术与民族民间传统体育类运动、新兴体育类运动等6个运动技能系列。在运动技能学习方面,从有利于学生学会、学精,培养运动专长以及追求卓越的角度出发,学生可以选择某一类运动中的某一运动项目(如足球)持续学练三年,也可以根据学校的安排按学年选择学习。课程标准重视课程内容与社会生活和科学技术进步相联系,重视有中华优秀传统文化的民间体育活动等内容,努力呈现体育、文化、社会、医学、卫生等方面发展的新成就、新成果,增加了有关传统文化教育内容,以促进体育与健康学科核心素养的落实。

三是补充了学业质量标准。高中体育与健康课程增加了"学业质量"部分,学业质量水平明确了学生完成本学科学习任务后应该达到的水平以及各水平的关键表现构成评价学业质量的标准。增加学业质量标准的目的在于引导体育教学更加关注育人目的,帮助教师更好地把握教与学的深度和广度,形成育人合力。

四是增强了课程标准的指导性。本着为编写教材服务、为教学服务、为考试评价服务的原则,突出课程标准的可操作性,切实加强对教材编写、教学实施、考试评价的指导。课程标准的课程内容帮助教师准确理解和把握课程标准的要义,增强了高中体育与健康课程的可操作性。

2020年5月,教育部印发了《普通高中体育与健康课程标准(2017年版2020年修订)》,该修订版相对于《普通高中体育与健康课程标准(2017年版)》,仅前言部分有改动,正文无变动。

三、21世纪以来我国中小学体育课程改革简评

21世纪初以来,我国中小学体育课程经过二十多年的努力探索与推进,形成了我国全新的中小学体育课程体系。从我国世纪之交启动的新一轮中小学体育课程改革的理念与具体举措来看,我国新一轮中小学体育课程改革在"健康第一"思想的指导下,力图通过切实、有效地促进"每位学生的发展"来构建中华民族伟大复兴的坚实基础,体现了浓郁的人本取向。在实践中,新一轮中小学体育课程改革的实施,极大改变了中小学体育课程教学的面貌,取得了明显的实效。

第一,在课程目标上,凸显了全面发展的价值取向。《基础教育课程改革纲要(试行)》明确提出"使获得基础知识与基本技能的过程同时成为学会学习和形成正确价值观的过程"。这也是新一轮基础教育课程改革具体目标之一。为达成这一目标,新一轮中小学体育课程改革在课程标准研制上以"健康第一"为指导思想,着力构建体育与健康的知识与技能、过程与方法、情感态度与价值观有机统一的课程目标体系。如2011年版义务教育体育与健康课程标准在课程目标上明确提出五点要求:(1)掌握体育与健康的基础知识、基本技能与方法,增强体能;(2)学会学习和锻炼,发展体育与健康实践和创新能力;(3)体验运动的乐趣和成功,养成体育锻炼的习惯;(4)发展良好的心理品质、合作与交往能力;(5)提高自觉维护健康的意识,基本形成健康的生活方式和积极进取、乐观开朗的人生态度。2017年版普通高中体育与健康课程标准还强调了学科核心素养的协调全面发展,强调为新时代健康生活做准备。《义务教育体育与健康课程标准(2022年版)》立足于义务教育"使学生有理想、有本领、有担当,培养德智体美劳全面发展的社会主义建设者和接班人"的培养目标,提出学生通过体育与健康课程的学习,在核心素养方面逐步形成正确的世界观、必备品格和关键能力。在总目标上要让学生:(1)掌握与运用体能和运动技能,提高运动能力;(2)学会运用健康与安全的知识和技能,形成健康的生活方式;(3)积极参与体育活动,养成良好的体育品德。从国家对体育与健康课程价值与定位的架构来看,它充分凸显了促进每一个学生全面发展的价值取向。

第二,构建了均衡性、综合性和选择性并举的体育课程结构。在义务教育

体育课程设置方面，2001年印发的《义务教育课程设置实验方案》整体设置义务教育阶段体育课程，1~6年级开设体育课程，7~9年级开设体育与健康课程，规定义务教育体育课程的课时比例（义务教育体育课程课时占义务教育九年课时总数的比例为10%~11%），在各门课程课时的安排上考虑了大致均衡，课程分配更加合理，体现了体育课程追求全面、整体发展的价值旨趣。在《义务教育课程方案（2022年版）》中，以坚持全面发展，育人为本、面向全体学生，因材施教、聚焦核心素养，面向未来、加强课程综合，注重关联、变革育人方式、突出实践为基本原则，在1~9年级开设体育与健康课程，规定义务教育体育与健康课程课时占义务教育九年课时总数的比例为10%~11%。在高中体育课程设置方面，2003年版《普通高中课程方案（实验）》专门设置了体育与健康学习领域，开设体育与健康科目，将学分分为必修学分、选修学分1（课程标准分类别、分层次设置的供学生选择的选修模块）和选修学分2（学校开设的供学生选择的选修模块），必修学分要求必须达到11个学分。在《普通高中课程方案（2017年版）》中，高中课程由必修、选择性必修、选修三类课程构成，体育与健康课程学分要求为：必修12学分，选择性必修0~18学分，选修0~4学分。两个高中课程方案对体育与健康的设置（学分类型及其数量安排），体现了课程结构的基础性、均衡性与选择性。在体育与健康课程标准设计方面强调综合性和选择性。如2003年《高中体育与健康课程标准（实验）》根据课程内容特征确定必修内容，高中体育与健康课程内容依据课程标准分为必修内容和选修内容。其中必修内容是学生学习体育课程的共同要求。课程标准还突出了学生的自主选择性，学生可以按照自己的需求和爱好加大运动技能学习，以形成运动爱好和专长，满足学生个性化学习和发展的需要。《普通高中体育与健康课程标准（2017年版）》强调关注多种内容和方法的整合，体育课程中辅以健康课程，注重体育与健康学科融合；在学校开设的若干运动项目中进行自主选择，给予学生在体育与健康课程学习中自主选择的权利。将普通高中体育与健康课程内容分为必修模块和选修模块两大部分：前者针对全体学生的学习要求，课程内容包括体能和健康教育；后者是为了养成学生的运动爱好和需要，课程内容包括球类、田径等6个运动技能系列。每个运动技能系列由若干运动项目组成，每个运动项目包含内容相对完整的10个模块，以供学生对所选模块进行较为系统的学练。2003年《高中体育与健康课程标准(实验)》根据课程内容特征确定必修内容,高中体育与健康课程内容依据课程标准分为必修内容和选修内容。其中必修内容是学生学习体育课程的共同要求。课程标准还突出了学生的自主选择性,学生可以按照自己的需求和爱好加大运动技能的学习,以形成运动爱好和专长,满足学生个性化学习和发展的需要。

第三,与时俱进,更新了体育课程内容体系。为实现《基础教育课程改革纲要(试行)》提出的"改变课程内容'繁、难、偏、旧'和过于注重书本知识的现状,加强课程内容与学生生活以及现代社会科技发展的联系,关注学生的学习兴趣和经验,精选终身学习必备的基础知识和技能"的目标,21世纪以来我国中小学体育课程改革注意遴选并及时更新课程内容。以2003年版《普通高中体育与健康课程标准(实验)》为例,在课程内容方面该标准凸显了对改造传统项目和引入新兴运动类项目的重视。在体育与健康基础知识、基本技能和方法的内容选择上,强调既要适应时代发展的要求又要有利于学生的终身发展。《义务教育体育与健康课程标准(2011年版)》同样与时俱进,强调要根据时代发展的新要求在强调弘扬继承中华民族优秀传统文化的同时及时吸收了科技进步的新内容、科技发展的新成果,融合部分健康行为与生活方式、生长发育与青春期保健、心理健康与社会适应、疾病预防、安全应急与避险等方面的知识和技能。《义务教育体育与健康课程标准(2022年版)》将课程内容分为基本运动技能、体能、健康教育、专项运动技能、跨学科主题学习五部分。在"教材编写建议"中提出教材内容选择要精选基本内容和最新成果、反映体育与健康的新知识与新成果、突出中华优秀传统体育的内容、重视跨学科融合。《普通高中体育与健康课程标准(2017年版)》在课程内容方面强调要在继承中华优秀传统体育文化的基础上,与时俱进,开拓创新,努力体现课程的时代性。在课程内容方面,该课程标准关注对学生学习和发展有意义的传统体育项目和新兴体育类运动项目,重视具有中华优秀传统文化特色的武术、民族民间体育活动和养生方法的教学,强调与学生的生活经验紧密联系,精选适应时代要求、有利于奠定学生终身发展基础的体育与健康知识、技能和方法。必修必学内容体能模块包括体能发展的基本原理与方法、测量与评价体能水平的方法、体能锻炼计划制订的程序与方法、有效控制体重与改善体形的方法等内容。健康教育模块包括健康的基本知识与技能、合理营养和食品安全、常见传染性和非传染性疾病的预防与控制、环境、健康与体育锻炼的关系、安全运动和安全避险、常见运动损伤的预防与处理、提高心理健康水平和社会适应能力等方面的内容。必修选学内容要求10个模块，在球类运动、田径类运动、体操类运动、水上或冰雪类运动、武术与民族民间传统体育类运动、新兴体育类运动项目（如轮滑、攀岩、定向运动和花样跳绳等）等6个运动系列中选择。在"教材编写建议"部分明确规定教材的内容选择主要包括体能知识、体育文化、运动原理和健康教育四个方面：体能知识方面选择的内容主要包括体能发展的基本原理与方法、体能锻炼计划的制订、体能水平的测量和评价、有效控制体重和改善体形的基本原理和方法等；体育文化方面选择的内容主要包括体育运动的演变与发展、中国优秀传统体育文化、奥林匹克文化、运动健身文化和文明观赛等；运动原理方面选择的内容主要包括体育锻炼的基本原则、运动技能形成的基本规律和方法、运动与心理调控、运动安全、运动保健和运动处方等；健康教育方面选择的内容主要包括科学的健康观、健康管理、营养与食品安全、常见疾病预防、环境与健康、安全与避险、心理健康和社会适应能力等。总之，在课程内容方面充分根据经济社会发展新变化、科学技术进步新成果，及时更新课程内容和话语体系。

第四，在体育课程实施上倡导新型的教与学方式。为实现《基础教育课程改革纲要（试行）》提出的"改变课程实施过于强调接受学习、死记硬背、机械训练的现状"的目标，21世纪初启动的新一轮体育课程改革力主重构全新的课程实施方式。如2003年版的《普通高中体育与健康课程标准（实验）》明确要求"在教学方式方面，力求改变单一的灌输式教学方法，改变过于强调讲解、示范的教学形式，创设有利于学生主动参与、乐于探究、勇于实践的良好的教学氛围"。《普通高中体育与健康课程标准（2017年版）》提出，课程实施要"遵循高中学生的身心发展规律，充分关注学生的体育与健康学习兴趣和需求，在发挥教师主导作用的同时，突出学生的主体地位；创设师生和谐互动、形式灵活多样、气氛热烈活泼的课堂教学氛围，注重课堂教学的实际效果，充分调动学生学习的积极性，增强学生内在的学习动力，引导学生深刻体验运动的乐趣和理解运动的价值，促使学生由被动运动向主动运动转变"。在教学方式方面要求避免过于注重单一知识点以及把结构化的知识和技能割裂开来的灌输式教学模式，倡导多样化的教学方式，重视与信息技术的深度融合，注重学生的自主学习、合作学习和探究学习。《义务教育体育与健康课程标准（2011年版）》在"教学建议"的"选择与运用教学方法的建议"中强调应创设民主、和谐的体育与健康教学情境，有效运用自主学习、合作学习、探究学习与传授式教学等方法，引导学生在体育活动中，通过体验、思考、探索、交流等方式获得体育与健康的基础知识、基本技能和方法，培养应对问题、自我锻炼、交往合作等能力，开展富有个性的学习，不断丰富体育活动经验，学会体育学习和锻炼。《义务教育体育与健康课程标准（2022年版）》在"教学建议"中，明确提出"改进课堂教学方式方法，促进学生主动学练"，强调体育与健康课程教学要实现从"以教为主"向"以学为主"的真正转变，将过分关注传授知识与技能转变为培养学生核心素养，促进学生形成积极的学习动机、学习态度和学习行为。这些对教与学方式转变的要求的目的就在于改变实然状态中建立在教师、课堂和书本"三中心"基础上的学生的单一、被动的学习方式和学习状态，建立新的、充分体现人的本质特征的，提升和体现学生主体性、能动性、独立性、合作性并能有效进行合作的新型学习方式，以在体育课程教学中促进学生的全面发展，体现了新一轮体育课程改革在课程实施上的全新转型。

第五，确立了发展性课程评价理念。如2001年《全日制义务教育普通高级中学体育（1~6年级）体育与健康（7~12年级）课程标准（实验稿）》明确提出"根据课程发展性要求建立评价体系"，要求把学生的体能、知识与技能、学习态度、情意表现与合作精神纳入学习成绩评定的范围，并让学生参与评价过程。注重强化评价的发展、激励功能而淡化其选拔、甄别功能。2003年《普通高中体育与健康课程标准（实验）》要求采用评价内容多元、评价方法多样的评价体系，强化评价的激励、发展功能，淡化甄别、选拔功能，并根据以上原则对教学评价提出相应的建议。《普通高中体育与健康课程标准（实验）》把学生的体能、知识与技能、学习态度、情意表现和合作精神、健康行为纳入学习评价的范围，鼓励学生参与评价过程，以利于提高学生自我评价、自我发展的能力，充分发挥评价促进学生进步和发展的功能。《普通高中体育与健康课程标准（2017年版）》明确要求"建立多元学习评价体系，激励学生更好地学习和发展",强调普通高中体育与健康课程,需要重视促进学生更好地达成课程目标及形成学科核心素养,注重评价的反馈、发展和激励功能,构建多元的主体、全面的内容、多样的方法评价体系。在评价主体方面,提倡在以教师评价为主,积极引导学生进行自评和互评;在评价方法方面,倡导将相对性评价与绝对性评价、定量评价与定性评价、过程性评价与终结性评价相结合;在评价内容方面,重视对学生的健康行为、运动能力和体育品德进行综合性的评价。提出在评价中,特别要关注那些运动基础相对较弱,但学习态度认真的学生,真正体现评价的发展、激励功能,以此增强学生对体育与健康学习的自信心、自尊心。多元化的体育与健康学习评价体系特别强调与学业质量标准紧密联系,使学业质量水平的使用更有助于学生形成学科核心素养,进而获得全面性的发展。《义务教育体育与健康课程标准(2022年版)》提出:评价的主要目的是对学生的学习行为进行观察、诊断、反馈、引导和激励,以判断课程目标的达成度,给教师和学生提供即时、多元的有效反馈,促使学生更积极地学与教师更有效地教。在评价具体内容方面,主要包括运动能力的发展、健康行为的形成、体育品德的养成三个方面。在评价方式上,强调要注重过程性评价与终结性评价、定性评价与定量评价、相对性评价与绝对性评价、教师评价与学生评价相结合,积极探索增值评价,健全综合评价。课程评价的创新,旨在改变课程评价过分强调甄别与选拔的功能,发挥评价促进学生发展、教师提高和改进教学实践的功能。

  第六,在体育课程上实行国家、地方和学校三级课程管理,增强了地方、学校及学生对体育课程的适应性。为改变体育课程管理过于集中的状况,《全日制义务教育普通高级中学体育(1~6年级)体育与健康(7~12年级)课程标准(实验稿)》明确要求:将"关注个体差异和不同的需求,确保每一个学生受益"作为课程的基本理念之一,体育与健康课程应充分注意到学生在身体状况、运动技能、兴趣爱好等方面的个体差异,根据这种差异来确定学习目标以及评价方法,并提出相应的体育教学建议,从而保证大多数学生能完成课程学习,使每个学生都能体验到学习与成功的乐趣,以满足自我发展和进步的需要。《义务教育体育与健康课程标准(2011年版)》将"关注地区差异和个体差异,保证每一位学生受益"作为课程的一个基本理念,规定:体育与健康课程在保证国家课程基本要求的前提下,要充分关注到不同地区、学校以及学生之间的差异性,各地区与学校要根据体育与健康课程的目标与内容,因地因时制宜,合理选择和设计课程内容,有效地运用教学方法和一定的评价手段,尽力使每位学生都能接受基本的体育与健康教育,促进学生不断发展和进步。2011年版课程标准"课程设计思路"部分将"根据三级课程管理的要求保证课程内容的可选择性"作为课程设计思路之一,提出:各地区和学校制订具体的课程实施方案和课程教学计划时,应注意从师资队伍、学生的体育基础、场地与器材等方面的实际出发,选编适合的教学内容。农村学校在体育基础相对比较薄弱的情况下,应特别注意开发与利用各种较为实用的课程资源,确保课程的顺利实施。《义务教育课程方案(2022年版)》规定义务教育包括国家课程、地方课程、校本课程三类。要求以国家课程为主体,奠定共同基础;以地方课程和校本课程作为补充,兼顾差异。国家、地方、学校三级课程管理的确立与实施,给了地方与学校以灵活掌握的余地,改变了以往比较集中的课程管理制度,有助于体育课程的特色化发展。

  整体来看,新一轮中小学体育课程改革坚持了正确的改革方向和先进的教育理念,建立起了适合我国国情、适应时代发展要求的中小学体育课程体系,促进了教育观念的更新,推进了基础教育人才培养模式的变革,提升了中小学体育的质量与水平,有效推动了体育考试评价制度的改革,为我国基础教育质量的提高作出了积极的贡献。

  当然,由于种种原因,在我国新一轮中小学体育课程改革中也还存在一些问题,比如:我国中小学体育课程改革在城市与农村推进不平衡,受制于办学条件、课程资源与教育观念的限制,体育课程改革的理念和要求在广大农村学校尚难以得到完全落实;在课程标准方面,面对经济、科技的迅猛发展和社会生活的深刻变化,新时代对提高全体国民素质和人才培养质量提出了新要求,体育课程标准仍存在一些需要完善的内容,如对条件落后地区体育课程改革和实施的指导性考虑不够深入和细致,课程评价的操作性不足,需要适当地增加一些描述和案例,课程内容标准需要适当地明确和具体化等等。[①]

[①] 季浏,汪晓赞,汤利军.我国新一轮基础教育体育课程改革10年回顾[J].上海体育学院学报,2011(2):77-81.

第七章 新中国学校体育思想演进特征与中小学体育课程改革的历史经验

新中国学校体育思想发展与中小学体育课程改革的历史，是新中国学校体育工作发展、进步的历史缩影。通过对新中国成立70多年来我国学校体育发展和中小学体育课程改革历程的梳理、分析，我们可以从如下方面进行简单总结。

一、新中国学校体育思想演变的特征

1. 过程曲折

从新中国70多年学校体育思想发展的历程来看，新中国学校体育思想发展可谓过程曲折，曾经在不同时期和阶段走过弯路。

新中国成立初期，通过批判、改造旧的学校体育思想，向苏联学校体育思想和学校体育模式学习，我们开始初步形成了新中国学校体育思想体系。这一思想体系强调学校体育的社会工具价值，偏向从阶级性、工具性认识学校体育的功能，在构建学校体育制度的原则上强调统一性，在学校体育中重视体育知识、技能教学，重视学校体育思想政治教育功能的发挥，推动了学校体育开始从"为体育而体育""单纯技术观点""凭兴趣出发"向增进学生健康、全面发展学生身体、为生产劳动和国防建设服务的观念转变。新中国成立初期学校体育思想的转变，为新中国成立初期学校体育的发展提供了认识基础和思想武器。在社会主义建设探索时期，我国学校体育思想力主结合中国实际实现苏联学校体育思想的本土化，但由于受到"左"的错误思想的影响，学校体育思想的本土化探索走了弯路，尤其是在"教育革命"时期，在各行各业"大跃进"的影响下，学校体育受"左"的错误思想的影响，出现了"'四红'运动""以劳动代替体育""以军训代替体育"的错误思想，其核心价值观实际上是否定了体育，直到"调整"时期才有所修正。"文化大革命"时期，我国学校体育思想建设受到重创，学校体育思想在极左错误思潮和政治运动的影响下发生了扭曲，"一切以阶级斗争为纲""以政代体""以军代体""以劳代体"思想盛行，使我国学校体育思想陷入混乱，导致学校体育偏离了正常的发展轨道。"文化大革命"结束后，随着拨乱反正的全面展开，尤其是改革开放启动40多年来，我国学校体育思想取得了快速发展，取得了历史性的进步。在历史转变时期，"增强体质"论的学校体育思想开始确立。在建设有中国特色社会主义时期,我国学校体育思想不断增进与世界体育潮流的交流,迎来了"百花齐放、百家争鸣"的局面。在"增强体质为主"的基础上,整体效益的学校体育思想开始出现,伴随着整体效益学校体育思想的确立,20世纪80年代中期至90年代中后期,我国又涌现出了如"快乐体育""主体体育""成功体育""终身体育"等多种学校体育思想,这些思想从不同理论基础出发,从不同角度丰富了国人对学校体育的认识。世纪之交以来,在素质教育思潮的激荡之下,"健康第一"的"人本化"的学校体育思想又开始涌现,终身体育思想在新的时代背景下又进一步得到强化,我国学校体育思想在新的历史起点上获得了又一次飞跃。改革开放启动40多年来我国学校体育思想的大发展、大进步,为我国学校体育工作的改革与发展提供了科学的认识基础。

2. 日趋深化、不断拓展

新中国70多年学校体育思想的发展历程表明,新中国学校体育思想从封闭走向开放,学校体育认识的参照系不断拓展,我国对学校体育的认识日趋深化,逐步实现了从"工具体育"到"生物体育"再到"人文体育"的认识转型。

从新中国学校体育思想发展历程看,新中国成立初期,西方国家的学校体育思想被一概排斥,民国时期深受重视的西方自然主义体育思想受到批判和否定。在向苏联学习的方针、政策之下,我国学校体育对苏联的学校体育模式和体育思想进行了几乎整体式的移植,形成了"苏化"的学校体育思想和学校体育模式。这一时期,我国的学校体育思想过分强调学校体育的阶级性,凸显意识形态的需求,否定了欧美资本主义国家学校体育思想,同时也否定了新中国成立之前的学校体育思想,切断了与之前主流学校体育思想的继承关系。"文化大革命"结束尤其是党的十一届三中全会召开以来,随着改革开放的启动和渐趋深入,终身体育思想、快乐体育思想等国外体育思想纷纷涌入。改革开放的深入推进带来的国外体育思想的大量涌入,不仅为我国学校体育思想的发展提供了丰富多样的参照系,而且为我国学校体育思想的发展提供了具体的滋养,使我国学校体育思想打破了新中国成立初期"苏化"的学校体育思想框架,学校体育思想不断走向深化、快速发展,越发呈现出"百花齐放、百家争鸣"的繁荣局面。

从新中国学校体育思想的具体内容来看,新中国成立70多年来,我国学校体育思想完成了由"重技能"向"重素质"、由"重竞技"向"重健身"、由"重育体"向"重育人"的三重转化,体现了参照系的拓展和认识的深化。

从新中国成立到20世纪80年代中期我国学校体育思想和实践来看,总体上这一阶段占据主导地位的学校体育指导思想是"重技能"(技能教育思想)、"重竞技"(竞技教育思想)、"重育体"(体质教育思想)。"重技能"的技能教育思想强调掌握运动项目的技术、技能,同时强调运动目的(增强体质)和运动手段(技术掌握和技能提高)相统一。技能教育思想虽然在一定程度上提高了学校体育的地位,但同样将学校体育带入了仅追求"学习运动技术、掌握运动技能"狭隘目标的偏误。"重竞技"的竞技教育思想强调提高运动技术能力,强调学校体育为竞技体育打基础,强调学校体育为打造竞技体育强国服务。"重竞技"的竞技教育思想一定程度上体认到了学校体育对竞技体育具有的奠基和准备的意义,但无法面对全体学生,易导致学校体育竞技化、功利化。"重育体"的体质教育思想强调发展学生身体,增进学生身体健康,增强学生体质,对于当时学校体育发展起到了一定的作用,但对学校体育功能和目标的认识过于单一与狭隘。20世纪80年代中期以来,素质教育思潮在我国兴起与发展,我国教育改革事业快速推进。随着我国学校体育思想与世界体育潮流的全方位交流与碰撞,整体效益的学校体育思想、"快乐体育"、"成功体育"、"终身体育"、"主体体育"、"健康第一"等学校体育思想纷纷涌现,学校体育思想开始向"重素质""重健身""重育人"转变,学校体育思想开始实现"从单一的生物体育观向生物、心理、社会三维体育观的转变"[1],国人"开始从生物、社会、心理三维体育观的坐标系里获得学校体育多功能、多目标的认识"[2],学校体育被看作是实施素质教育和培养德智体美全面发展人才必不可少的重要方式。关于学校体育的目标,开始强调涵盖运动参与、运动技能、身体健康、心理健康、社会适应等多方面的学校体育目标。《国家中长期教育改革和发展规划纲要(2010—2020年)》

---

[1] 李晋裕,滕子敬,李永亮.学校体育史[M].海口:海南出版社,2000:175.
[2] 陈融.新中国学校体育思想50年发展历程及其历史启示[M]//曲宗湖,刘绍曾,邢文华.新中国学校体育50年回顾与展望.北京:北京体育大学出版社,2000:38.

印发以来,运动能力、健康行为和体育品德又被凝练为体育学科的核心素养,这三个方面被视作学生学习该学科课程后应达成的正确价值观念、必备品格和关键能力。20世纪80年代中期以来学校体育思想的发展,尤其是新世纪以来"健康第一"、终身体育思想和理念的传播与发展,使"以人为本"成为学校体育思想的价值追求,学校体育思想开始引领我国学校体育向"感召生活、关爱生命、健康人生"的"人文体育"方向迈进。

二、新中国中小学体育课程改革的历史经验[①]

1.重视体育课程的育人价值,始终把体育课程改革放在学校体育工作的重要位置

课程是学校教育的"心脏"和核心要素,是学校教育培养目标赖以实现的施工蓝图,对学校全面推进素质教育、提高教育质量具有重要影响。因而,课程改革是教育改革的核心内容与关键。新中国成立70多年来,党和国家高度重视基础教育课程改革,始终把体育课程改革视作基础教育课程改革的重要组成部分加以安排,将中小学体育课程改革作为学校体育工作的重要工作和基础教育质量提高的关键环节,不断推动中小学体育课程改革,高度重视学校体育的育人价值的发挥,有力地推动了基础教育质量的提高。

早在新中国成立之初,为服务于新民主主义文化教育制度建设的需要,党和国家就强调推进包括体育在内的基础教育课程改革,在新中国成立初期起着临时宪法作用的《中国人民政治协商会议共同纲领》指出,"人民政府应有计划有步骤地改革旧的教育制度、教育内容和教育方法"。随后,教育部颁发了《中学暂行教学计划(草案)》《小学暂行规程(草案)》《中学暂行规程(草案)》《"四二"旧制小学暂行教学计划》《小学体育课程暂行标准(草案)》,启动了中小学体育课程改革。在社会主义改造时期,为服务党在过渡时期的总路线,提高中小学教育质量,基于体育是全面发展教育的组成部分的认识,教育部又颁发了《小学(四二制)教学计划(草案)》《小学(四二制)教学计划(修订草案)》

---

① 本部分经整理后以论文形式发表。见彭泽平,李礼,罗珣.新中国70年中小学体育课程改革的历史经验[J].天津体育学院学报,2019(5):373-380.

《小学教学计划》《1957—1958学年度小学教学计划》《中学教学计划(修订草案)》等教学计划和《小学体育教学大纲(草案)》《中学体育教学大纲(草案)》,编写中小学体育教材,持续推动中小学体育课程改革。改革开放以来,党和国家基于对体育课程重要性和价值的认识,[1]立足于服务新时期社会主义现代化建设的需要,不断推进中小学体育课程改革。1985年5月至2001年5月,中共中央先后印发《关于教育体制改革的决定》《中国教育改革和发展纲要》《关于深化教育改革全面推进素质教育的决定》《关于基础教育改革与发展的决定》等重要文件。《中华人民共和国体育法》提出"教育行政部门和学校应当将体育作为学校教育的组成部分。培养德智体等方面全面发展的人才",要求"学校必须开设体育课"。国务院批转的教育部《面向21世纪教育振兴行动计划》要求实施"跨世纪素质教育工程"。《关于基础教育改革与发展的决定》指出:基础教育是科教兴国的奠基工程,对提高中华民族素质、培养各级各类人才,促进社会主义现代化建设具有全局性、基础性和先导性作用,要求"加快构建符合素质教育要求的新的基础教育课程体系"。这些都充分展现了教育改革对我国教育发展的重大意义,为我国教育改革和发展提供指导,强调要提升我国教育质量,推进素质教育,培养全面发展的人才。为了贯彻落实这些精神和部署,20世纪80年代中期以来国家教委(教育部)又颁发了一系列中小学教学(课程)计划、中小学体育教学大纲,改革教材制度,编写中小学体育教材,深入推进中小学体育课程改革。2001年秋季,在"为了中华民族的复兴、为了每一位学生的发展"理念指导之下,我国又启动了新一轮中小学体育课程改革。新一轮义务教育体育课程实验于2001年秋季在全国38个国家级实验区展开,普通高中体育新课程实验于2004年秋季率先在广东、山东、宁夏、海南展开。基于"基础教育课程承载着党的教育方针和教育思想,规定了教育目标和教育内容,是国家意志在教育领域的直接体现,在立德树人中发挥着关键作用"[2],普

---

[1] 如:1992年颁发的九年义务教育小学、初中体育教学大纲强调"体育是义务教育的重要组成部分,体育课是义务教育阶段各年级的必修课程",强调体育课程"不仅对实现学校体育的总目标、增强体质具有重要意义,而且是完成九年义务教育,培养德智体全面发展的社会主义建设人才的重要手段之一"。

[2] 在《普通高中课程方案(2017年版)》"前言"中,明确提出本次普通高中课程方案和高中体育与健康课程标准的修订"是深化普通高中课程改革的重要环节,直接关系育人质量的提升"。参见中华人民共和国教育部.普通高中课程方案(2017年版)[M].北京:人民教育出版社,2018:"前言"1—5.

通高中体育与健康课程"是普通高中课程体系的重要组成部分……对落实立德树人根本任务,发展素质教育和培养全面发展的人具有独特的功能和价值"①的价值判断,2013年教育部又组织对2003年颁发的普通高中课程方案和高中体育与健康课程标准进行修订,于2017年底颁发并确定于2018年秋季开始进行实验。2018年9月,全国教育大会召开。习近平总书记提出:要在党的坚强领导下,全面贯彻党的教育方针,坚持马克思主义指导地位,坚持中国特色社会主义教育发展道路,坚持社会主义办学方向,立足基本国情,遵循教育规律,坚持改革创新,以凝聚人心、完善人格、开发人力、培育人才、造福人民为工作目标,培养德智体美劳全面发展的社会主义建设者和接班人,加快推进教育现代化、建设教育强国、办好人民满意的教育。明确强调"要树立健康第一的教育理念,开齐开足体育课,帮助学生在体育锻炼中享受乐趣、增强体质、健全人格、锤炼意志"。为深入贯彻全国教育大会的重要精神,落实立德树人根本任务,完善中小学课程体系,教育部又组织对普通高中课程方案和体育等学科课程标准(2017年版)进行了修订,于2020年5月印发了《普通高中课程方案(2017年版2020年修订)》《普通高中体育与健康课程标准(2017年版2020年修订)》。在义务教育阶段,为贯彻落实党的十八大、十九大精神,落实全国教育大会部署,全面落实立德树人根本任务,进一步深化体育课程改革,教育部又对义务教育课程方案和义务教育阶段课程标准进行了修订,于2022年3月印发了新修订的《义务教育课程方案(2022年版)》和《义务教育体育与健康课程标准(2022年版)》,于2022年秋季学期开始执行。

2.将立德树人作为体育课程改革的根本任务和宗旨,保障体育课程改革的正确方向

新中国成立以来,我们党和国家从社会主义事业后继有人和国家长治久安的战略高度出发,始终坚持育人为本、德育为先,把培养德、智、体、美、劳全面发展的社会主义建设者和接班人作为学校教育工作最根本的目标。在新中国70多年中小学体育课程改革的历程中,除了受"左"的错误思想影响的某些

---

① 中华人民共和国教育部.普通高中体育与健康课程标准(2017年版)[M].北京:人民教育出版社,2018:1.

特定历史阶段之外，其余时段我国中小学体育课程改革始终强调紧扣育人为本、德育为先的宗旨，以立德树人为体育课程改革的根本任务和方向，保障了体育课程改革的成效。

在新中国成立初期中小学体育课程改革中，就强调中小学体育课程改革的根本目的在于育人。改革开放以来，立德树人作为中小学体育课程改革的根本任务和方向得到进一步明确。在1992年8月国家教委颁布的《九年义务教育全日制小学、初级中学课程计划（试行）》中，强调要"贯彻国家的教育方针……对学生进行德育、智育、体育、美育和劳动教育，以全面提高义务教育质量"[1]。强调普通高中要进一步提高学生的思想道德、文化科学、劳动技能和身体心理素质，发展学生的个性和特长。2000年1月教育部颁发的《全日制普通高级中学课程计划（试验修订稿）》进一步强调："普通高中教育要进一步提高学生的思想道德、文化科学、劳动技能、审美情趣和身体心理素质，培养学生创新精神、实践能力、终身学习的能力和适应社会生活的能力，促进学生个性的健康发展，为高等学校和社会各行各业输送素质良好的普通高中毕业生。"[2]在同期颁发的中小学体育教学大纲方面，立德树人作为体育课程改革的根本任务和方向也得到进一步强调。如1992年《九年义务教育全日制小学体育教学大纲（试用）》提出小学体育教学的目的是"通过体育教学，向学生进行体育、卫生保健教育，增进学生健康，增强体质，促进德、智、体全面发展，为提高全民族的素质奠定基础"；在《九年义务教育全日制初级中学体育教学大纲（试用）》中提出初中体育教育教学的目的是"向学生进行体育卫生保健教育，增强学生体质，促进学生身心发展，培养德智体美全面发展的社会主义的建设者"。

21世纪以来，立德树人作为体育课程改革的根本任务和方向得到更进一步强调。在2001年颁发的《全日制义务教育普通高级中学体育（1～6年级）体育与健康（7～12年级）课程标准（实验稿）》中，明确提出义务教育体育与健康课程的价值在于：增进身体健康、提高心理健康水平、增强社会适应能力、获得

---

[1] 课程教材研究所.20世纪中国中小学课程标准·教学大纲汇编 课程（教学）计划卷[M].北京：人民教育出版社，2001：372.

[2] 课程教材研究所.20世纪中国中小学课程标准·教学大纲汇编 课程（教学）计划卷[M].北京：人民教育出版社，2001：404.

体育与健康知识和技能。在增强社会适应能力方面,要求学生能够"理解个人健康与群体健康的密切关系,建立起对自我、群体和社会的责任感;形成现代社会所必需的合作与竞争意识,学会尊重和关心他人,培养良好的体育道德和集体主义、社会主义、爱国主义精神;学会获取现代社会中体育与健康知识的方法。2003年颁发的《普通高中体育与健康课程标准(实验)》指出:高中体育课程应当注重从内容、功能和价值三方面的多重整合,体育课程不仅要关注学生有关体育与健康知识、技能和方法的学习,还要充分发挥体育课程的教育功能,在大力提高学生健康水平的同时,促进学生身心协调发展,更进一步培养学生的爱国精神。课程改革充分凸显了育人为本的主旨。2007年党的十七大报告首次提出"育人为本、德育为先"后,在《义务教育体育与健康课程标准(2011年版)》中,又贯彻和落实了德育为先、育人为本、能力为重的思想,重视培养学生的创新精神以及实践能力发展,并在体育与健康课程教学的全过程中渗透正确的世界观、人生观和价值观。2013年,教育部启动普通高中课程修订工作,修订工作的指导思想是:"以马克思列宁主义、毛泽东思想、邓小平理论、'三个代表'重要思想、科学发展观、习近平新时代中国特色社会主义思想为指导,深入贯彻党的十八大、十九大精神,全面贯彻党的教育方针,落实立德树人根本任务,发展素质教育,推进教育公平,以社会主义核心价值观统领课程改革,着力提升课程思想性、科学性、时代性、系统性、指导性,推动人才培养模式的改革创新,培养德智体美全面发展的社会主义建设者和接班人。"[①]在2017年底教育部颁发的《普通高中体育与健康课程标准(2017年版)》中,明确将落实"立德树人"根本任务和"健康第一"指导思想、促进学生健康与全面发展作为普通高中体育健康课程的首条基本理念。在2022年3月印发的《义务教育体育与健康课程标准(2022年版)》中,明确将坚持"健康第一"作为首条课程理念。强调体育与健康课程要全面落实立德树人根本任务,坚持"健康第一"教育理念,以中国学生发展核心素养为引领,重视育体与育心、体育与健康教育相融合,充分体现健身育人本质特征,引导学生形成健康与安全的意识以及良好的生活方式,促进学生身心健康、体魄强健、全面发展。体育课程以立德树

---

① 中华人民共和国教育部.普通高中体育与健康课程标准(2017年版)[M].北京:人民教育出版社,2018:前言2.

人作为根本任务和宗旨，保障了体育课程改革的正确方向。

3.在体育课程改革中将立足我国实际与借鉴外国先进经验相结合

教育改革不能"闭门造车"，需要有海纳百川的胸怀，积极寻求"国际化的参照"，主动关注国际教育改革的新动态、新趋势，注意吸取他国教育改革的成功经验。与此同时，还必须立足于本国的实际和传统，紧扣"本土化的实际"，将继承本国传统、结合自身实际与借鉴外国教育先进经验相结合，推动教育改革的不断深化和发展。新中国成立尤其是改革开放40多年来，我国中小学体育课程改革坚持改革与开放，将立足本国现实与借鉴外国先进经验相结合，使我国中小学体育课程改革取得了良好的成效。

早在新中国成立初期，在我国学校体育建设中就十分注重学习和借鉴苏联的学校体育经验，在当时"以俄为师""一边倒"的战略导向下，我国中小学体育课程建设不仅输入了苏联的体育思想和理论，而且翻译、学习了苏联的中小学体育教学大纲、教材和体育教育著作，学习苏联学校的体育教学法。客观上，新中国成立初期学习苏联学校的体育经验对于当时建立中小学体育课程体系、提高中小学体育教学质量起到了积极的作用。但由于在学习中将苏联学校体育经验理想化、绝对化，没有将之与中国的实际相结合，一味地生搬硬套，全盘照搬、移植，出现了教条主义的错误。[①]加之，由于当时对西方资本主义国家和新中国成立前的学校体育经验采取了全盘否定的态度，因而，整体来看，新中国成立初期仍然是处于一种相对封闭的状态，学习出现了一定的偏差。"文化大革命"结束后，随着"拨乱反正"的展开，我国开始在中小学体育课程建设上大胆吸取外国先进经验，同时强调与本国实际相结合。如1977年8月8日，邓小平在科学与教育工作座谈会上提出：要重视中小学教育，"关键是教材，教材要反映出现代科学文化的先进水平，同时要符合我国的实际情

---

① 实际上，新中国成立初期学习苏联教育经验还是强调要与中国实际相结合。如1954年3月15日教育部在向全国文化教育工作会议作的报告《全国普通教育与师范教育工作1953年的基本总结和1954年的方针任务》中提出，"我们的学校进行教学改革，应坚持学习苏联先进经验与中国实际相结合的方针，稳步前进。目前教学改革的重点，应放在教育内容的改革上，即根据社会主义的教育原则，按照辩证唯物论与历史唯物论的观点和理论与实际联系的方法，吸收老解放区的优良经验和苏联的先进经验，并结合我国当前的实际情况，修订中、小学和各级师范学校教学计划，改编教学大纲和教科书"。参见何东昌.中华人民共和国重要教育文献(1949—1975)[M].海口：海南出版社,1998:299.

况"①。在同一时期的讲话中,他还提出"教材非从中小学抓起不可",建议编写通用教材时要注意引进国外教材作参考。在邓小平同志的指示下,1977年8月,教育部开始从美、德、法、英、日等国引进2200多册的中小学各科教材,中小学体育教材就包括在其中。党的十一届三中全会召开以来,随着我国改革开放大门的开启,学习外国教育经验不仅受到了很大的重视,还获得了强有力的支持。尤其是1983年9月邓小平同志为北京景山学校题词:"教育要面向现代化,面向世界,面向未来。"将教育面向世界视作民族复兴与教育现代化的必经途径和必然趋势,这无疑是邓小平同志从民族复兴的高度作出的科学论断。教育的"三个面向"一经提出就迅速成为我国新时期教育改革和发展的重要战略方针。在"三个面向"战略方针的指引下,国外的终身体育、快乐体育等学校体育思想和先进的体育课程理念与课程改革实践经验纷纷被引介到国内,我国学校体育与世界体育潮流的碰撞与接触日趋频繁,这无疑为我国学校体育的改革与发展以及中小学体育课程建设提供了国际化的参照。在全方位对外开放中,我国中小学体育课程改革积极吸收和借鉴世界发达国家在体育课程上的先进和有益经验,既顺应了国际基础教育体育课程改革的潮流,又推动了我国中小学体育课程改革的进程。新世纪以来启动的新一轮中小学体育课程改革最为典型,2001年颁发的义务教育课程方案、体育课程标准和2003年颁发的普通高中课程方案、普通高中体育与健康课程标准,都在立足我国实际的基础上吸收借鉴了国外体育课程改革的若干先进理念和做法。②在2013年教育部启动的普通高中课程修订工作中,同样深刻总结了21世纪以来我国普通高中课程改革的宝贵经验,对十余年我国普通高中课程改革实践进行系统梳理,总结提炼并继承已有经验和成功做法,确保课程改革的连续性;与此同时在修订中充分借鉴国际课程改革的优秀成果,最终推出《普通高中课程方案(2017

---

① 邓小平.邓小平文选[M].北京:人民出版社,1983:52.
② 如《基础教育课程改革纲要(试行)》就是在从调查入手,做好理论准备,组织一大批专家进行大规模抽样调研和广泛的国际比较研究的基础上起草的;2003年教育部颁发的《普通高中体育与健康课程标准(实验)》根据课程目标确定课程内容标准,改变了传统的按运动项目划分课程内容和安排教学时数的框架。根据三维健康观、体育自身的特点以及国际体育课程发展的趋势,课程标准在确定课程总目标的基础上,从运动参与、运动技能、身体健康、心理健康和社会适应五个方面描述具体目标,并根据课程目标体系从运动参与、运动技能、身体健康、心理健康和社会适应五个方面构建课程的内容标准,体现了对国际先进体育经验的借鉴。

年版)》和《普通高中体育与健康课程标准(2017年版)》。总体来看,这两份纲领性教学文件既符合我国实际情况,又具有相当的国际视野,构建了具有中国特色的普通高中体育课程体系。2022年义务教育课程方案和义务教育体育与健康课程标准的修订以坚持创新导向为原则之一,强调既要注重继承我国课程建设的成功经验,又要充分借鉴国际先进教育理念,进一步深化了我国中小学体育课程改革。新中国成立尤其是改革开放40多年来,我国中小学体育课程改革将立足本国现实与借鉴外国先进经验相结合,使我国中小学体育课程改革取得了良好的成效。

4. 信任、依靠教师,充分调动广大体育教师的工作积极性

教师是学校教育的第一资源,是教育变革的主力军,充分信任、依靠教师,重视发挥教师作用,调动教师的工作积极性是一切教育改革取得成效的前提和关键。在体育课程改革中,要保障体育课程改革顺利推进、取得预期成效,必须充分依靠教师、信任教师,调动广大教师的工作积极性。这是新中国70多年中小学体育课程改革证实了的一条颠扑不破的真理和重要经验。

早在新中国成立之初,为了保障新中国教育事业的健康发展,党和国家就开展了争取、团结和改造教师队伍的工作。党和国家对原国统区教师采取了"生活上包下来""政治上信任"的政策,通过思想教育和改造,争取他们能够为新中国教育事业服务,这其中就包括不少体育教师。新中国成立之初中小学体育课程启动后,各地又建立体育教师培训制度,通过组织多种类型的中小学体育教师学习、训练班和建立经常性业务学习制度,提高中小学体育教师的思想和业务水平。教育部1951—1953年组织力量翻译苏联中小学体育大纲后,又将中小学体育教学大纲下发各省市,要求各地组织中小学体育教师学习。可以说在新中国成立初期,党和国家十分重视发挥广大体育教师在学校体育工作和中小学体育课程改革中的作用。到了20世纪50年代后期,由于受到"左"的错误思想的干扰和影响,在知识分子的定性问题上出现失误,党和国家在对待体育教师上走了一些弯路。在1957年反右斗争扩大化中,包括体育教师在内不少中小学教师被错误打成右派,被错误地斗争、批判。到1958年,各地中小学又在教师中开展了"拔白旗""插红旗"和自觉革命、向党交心的运动。

但由于采取的是开展群众运动、群众斗争和"四大"(大鸣、大放、大字报、大辩论)的方式,出现了简单粗暴、宁左勿右的错误,部分中小学体育教师因此而遭到错误的批判,严重妨碍了广大体育教师的工作积极性,影响了中小学体育工作的健康发展。尤其严重的是在"文化大革命"时期,教师对于教育改革的意义没有得到应有的重视,其作用随意受到贬视,在极左错误思想的指导下,包括中小学体育教师在内的广大教师被视作"资产阶级知识分子""臭老九",不少中小学体育教师被错误当成被改造的对象下放从事体力劳动,使我国中小学体育教师队伍受到摧残,给我国中小学体育教师队伍建设带来了恶劣的影响,给我国学校体育事业带来了重大损失。

"文革"结束后尤其是党的十一届三中全会以来,党和国家为遭受林彪"四人帮"打击、迫害的教师平反,恢复名誉,摘掉"资产阶级"的帽子,在社会上恢复并提高了教师的地位,强调教育事业的发展必须依靠教师。如1978年9月教育部颁发的《全日制中学暂行工作条例(试行草案)》《全日制小学暂行工作条例(试行草案)》明确指出:教师是办好学校的依靠力量,必须发挥教师在教学中的主导作用,调动教师的积极性。1985年,中共中央颁发了《关于教育体制改革的决定》,明确提出:"改革教育体制要调动各方面的积极性,最重要的是要调动教师的积极性……在教育体制改革中,必须紧紧地依靠教师,认真听取他们的意见,充分发挥他们的作用。"从此,党和国家确立并大力倡导和落实尊重知识、尊重人才为核心的教师政策,在为广大教师创造必要的工作条件和生活条件方面做了很多有益的工作。在政治上给予教师以充分信任,在组织上大胆依靠,在工作上放手使用,极大地调动了广大中小学体育教师的主人翁意识和工作的积极性,有力地确保了中小学体育课程改革的开展。1993年10月颁布的《中华人民共和国教师法》指出:"各级人民政府应当采取措施,加强教师的思想政治教育和业务培训,改善教师的工作条件和生活条件,保障教师的合法权益,提高教师的社会地位。"《中华人民共和国教师法》的颁布和实施,提高了广大体育教师的地位和待遇,加强了中小学体育教师队伍的建设和管理,保障了广大体育教师的合法权益,一定程度上调动了中小学体育教师的工作积极性。世纪之交新一轮基础教育课程改革启动后,《基础教育课程改革纲要(试行)》又明确指出:"积极鼓励高等院校、科研院所的专家、学者和中小学教师投身中小学课程教材改革。"新课改不仅强调在课程实施上教师是改变课程计划的"忠实执行者",而且进一步提出教师要参与课程决策,成为课程开发、设计、决策、实施、评价的主体,要求切实加强对中小学教师的课程培训,提出"中小学教师继续教育应以基础教育课程改革为核心内容",要求"地方教育行政部门应制定有效、持续的师资培训计划,教师进修培训机构要以实施新课程所必需的培训为主要任务,确保培训工作与新一轮课程改革的推进同步进行"。新一轮基础教育课程改革对广大教师的信任、重视和课程能力的支持,极大调动了广大体育教师的工作积极性,提升了体育教师的课程执行力,便于广大中小学体育教师在课程改革中注入自己创造性的智慧,使新课程的真谛和意义得以在实践层面实质性地体现和展开。2013年教育部启动普通高中课程方案和课程标准修订,历经四年完成。2017年底颁布的《普通高中课程方案(2017年版)》明确提出普通高中课程实施是一个系统工程,要求各地应根据普通高中课程实施的需要,因地制宜制定相应的政策,提供有力的条件保障。其中首条便是"加强教师队伍建设",提出要以课程实施的需要,特别是满足实行选课走班教学、指导学生发展等方面的师资需要来调整普通高中教师的编制标准,教师要配齐配足。结合实际,完善教师工作量核定办法,改进教师奖惩机制,充分调动教师的积极性和创造性。加强教师培训与研修,探索教师专业发展新模式,建立和完善教师专业发展保障机制。2022年3月教育部印发的《义务教育课程方案(2022年版)》在课程实施部分中提出要加强培训、强化教研、强化专业支持。在培训方面,强调要明确国家、地方和学校的培训职责,建立健全培训工作体系。学校要组织教师参与各级各类课程、教材、教学、考试评价培训,定期开展校本研修。与此同时通过强化教研帮助教师准确把握课程改革方向,钻研课程标准、教材,改进教学,发挥教研活动的服务、引领作用。教师是课程改革的主体和最终意义的实践者,课程改革必须紧紧依靠教师。没有教师的积极参与,课程改革的目标就不可能实现。对教师的充分信任、依靠以及工作积极性的调动,极大地推动了中小学体育课程改革,促进了新中国学校体育事业的发展。

5. 重视体育课程实验,稳步推进体育课程改革

课程改革无小事,它关乎中华民族后代身心健康成长,关乎千家万户的利益,关乎中华民族伟大复兴的大业。在课程改革中,要确保改革取得既定成效,不能有急功近利的急躁心理,不能搞冲动冒进主义进而采取"革命""毕其功于一役"的做法,要认识到课程改革是一个渐进的、继承和革新并存的过程,理当分步、扎实、稳健地向前推进,确保课程改革的顺利进行。

在新中国70多年基础教育课程改革历程里,在某些特定的历史阶段在基础教育课程改革方式上我们曾经出现过失误。"文化大革命"时期,在课程改革方式上采取社会政治斗争的方法,违背了课程改革的基本规律。"文化大革命"结束后尤其是改革开放以来,我国在基础教育课程改革上非常重视课程实验,[①]强调课程改革要先试验后推广,课程改革注重试验先行,逐步铺开,力求课程改革稳步推进。如在规范中小学体育课程设置的教学(课程)计划方面,《中华人民共和国义务教育法》颁布以后,1986年10月国家教委公布了《义务教育全日制小学、初级中学教学计划(初稿)》,以广泛征求意见。1988年9月,国家教委颁发了《义务教育全日制小学、初级中学教学计划(试行草案)》,经过一段时间试行和修订后,1992年8月,国家教委颁发了《九年义务教育全日制小学、初级中学课程计划(试行)》并在次年开始在全国逐渐推广。在普通高中方面,1996年3月国家教委颁发了《全日制普通高级中学课程计划(试验)》,于1997年秋季开始在山西、江西、天津二省一市试验。2000年1月,教育部颁发了《全日制普通高级中学课程计划(试验修订稿)》,新的高中课程方案在当年秋季开始扩大到10个省、市继续进行试验。在中小学体育教学大纲方面,1987年1月,国家教委颁发了新修订的《全日制小学体育教学大纲》和《全日制中学体育教学大纲》。《中华人民共和国义务教育法》颁布后,根据《义务教育全日制小学、初级中学教学计划(试行草案)》,国家教委组织编写了《九年义务教育全日制小学体育教学大纲(初审稿)》《九年义务教育全日制初级中学体育教学大

---

① 实际上,在新中国成立初期我国就有部分地区在开展体育课程试验。如1951年东北师范大学体育系组织翻译苏联《体育教育理论》《体育教学法》《运动生理学》和苏联十年制体育教学大纲。1951年秋,东北师大体育系孙长林就在杨钟秀教授的指导下,在东北师大附小、附中进行以苏联十年制学校体育教学大纲和体育教学法理论为内容的试验。参见李晋裕,滕子敬,李永亮.学校体育史[M].海口:海南出版社,2000:20.

纲(初审稿)》,这两套大纲在1987年颁发的过渡性大纲的基础上修订而成,由国家教委于1988年11月颁布,于1990年9月—1992年7月在全国29个省、区、市进行了两年的试验后,1992年11月,国家教委正式颁发了《九年义务教育全日制小学体育教学大纲(试用)》《九年义务教育全日制初级中学体育教学大纲(试用)》《九年义务教育全日制体育与健康教育教学大纲(初审稿供实验用)》。在普通高中方面,1996年12月,国家教委体育卫生艺术教育司颁发了与义务教育相衔接的《全日制普通高级中学体育教学大纲(供试验用)》,这个大纲从1997年9月起在山西、江西、天津两省一市开始试验。经过试验与修订,2000年12月教育部又正式颁发了《九年义务教育全日制小学体育与健康教学大纲(试用修订版)》《九年义务教育全日制初级中学体育与健康教学大纲(试用修订版)》《全日制普通高级中学体育与健康教学大纲(试验修订版)》,于2001年9月起在全国正式实施。2001年新一轮基础教育课程改革正式启动以来,新一轮中小学体育课程改革以"积极进取、稳妥推进、先立后破、先实验后推广"为指导方针,无论是义务教育体育课程还是普通高中体育课程都先从部分课程改革实验区开始实验,注意总结课程实验经验,发挥实验区的示范、培训和指导作用,力争做到逐步推广、稳步推进,最终在全国范围内建立并运行新的中小学体育课程体系。经过十年的实验,针对实验中暴露出的不足与问题,教育部又组织专家对义务教育体育课程标准、普通高中课程方案、普通高中体育与健康课程标准进行修订,分别于2011年、2017年颁发了《义务教育体育与健康课程标准(2011年版)》与《普通高中课程方案(2017年版)》《普通高中体育与健康课程标准(2017年版)》,并从2018年秋季在全国开始实验。《普通高中课程方案(2017年版)》和《普通高中体育与健康课程标准(2017年版)》实验后,教育部在2020年又印发了《普通高中课程方案(2017年版2020年修订)》《普通高中体育与健康课程标准(2017年版2020年修订)》。在义务教育课程方面,2022年3月,教育部又对义务教育课程方案和义务教育各科课程标准进行修订,印发了《义务教育课程方案(2022年版)》《义务教育体育与健康课程标准(2022年版)》,于2022年秋季学期开始执行。无论是教学(课程)计划(方案)还是体育教学大纲的实施,改革开放以来党和国家均注意了试验先行、逐步铺开,谨慎、理性的精神与态度在改革中体现得淋漓尽致。中小学体育课程改革是一项关系重大、意义深远的系统工程,牵动整个基础教育的全面改革,应充分认识到改革的长期性,分步、扎实、稳步地向前推进。

6.推进体育课程研究,积极服务中小学体育课程改革

课程改革是个"严谨""科学"而非"经验"的事业,课程改革与决策要顺利推进并取得预期成效必须确保课程改革与决策的科学性,必须注重课程研究,服务课程改革。

在新中国70多年中小学体育课程改革的历程里,除受到"左"的错误思想干扰的特定时段外,党和国家十分注重课程研究,积极服务中小学体育课程改革。在课程方案、课程文本、课程决策出台过程中强调通过课程研究先行以保障课程改革的科学性。如1954年11月,教育部成立了体育教材编辑组,编订全国统一的中小学体育教学大纲。编辑组进行了深入的调查研究,总结各地体育教学改革的经验,收集了几十万个数据,为编订中小学体育教学大纲提供了现实依据。体育组在较为系统全面地研究了苏联的相关资料后,以苏联中小学体育教学大纲为蓝本,编订了全国统一通用的各级学校体育教学大纲。[①]

改革开放以来,我国学校体育的研究,学生生长发育、体质与健康的调查研究和课程理论的研究蓬勃发展,为我国中小学体育课程改革的科学化奠定了坚实的基础。在学校体育研究方面,20世纪80年代,国家教委批准北京师范大学、华东师范大学等校设立学校体育研究所,不断扩大学校体育的研究队伍,积极推动学校体育的理论研究。1981年9月,教育部和国家体委主办、北京体育学院承办的《学校体育》杂志(该刊1992年7月正式更名为《中国学校体育》)正式创刊发行,为我国学校体育研究成果的发表与交流提供了重要的平台。在学生生长发育、体质与健康的调查研究方面,在20世纪60年代我国进行了儿童青少年生长发育调查研究之后,20世纪80年代以来我国又多次组织了关于学生体质与健康的大规模调查研究。如:1983—1986年学生体质与健康调查研究由四部委共同组成课题领导小组,对29个省、自治区和直辖市内的28个民族中7~22岁共计902337名学生进行测试;到了90年代,又在1994—

---

① 李晋裕,滕子敬,李永亮.学校体育史[M].海口:海南出版社,2000:21.

1996年对我国30个省、自治区和直辖市21个民族、1800余所学校31万名大、中、小学生进行了体质与健康调查研究。这些调查研究为我国中小学体育课程改革方案和体育教学大纲的研制、教材的编写提供了重要的参考依据。

  在课程理论研究方面，20世纪80年代中后期以来，我国课程研究取得了长足的发展，不仅形成了一支庞大的课程理论研究队伍，而且取得了一大批课程研究的成果，在课程决策方面起到了咨询服务的作用，有力地促进了我国包括体育课程在内的基础教育课程教材的建设。世纪之交启动的新一轮基础教育课程改革贯彻"民主参与、科学决策"的原则，在改革具体策略上注意发挥广大课程专家的作用，在课程改革的准备阶段即从调查入手，做好理论准备，组织一大批专家进行大规模抽样调研和广泛的国际比较研究，在此基础上起草了《基础教育课程改革纲要（试行）》；为顺利推进课程改革，教育部还组织了基础教育课程改革专家工作组，参与人员包括课程专家、学科专家、教育专家以及教育实践工作者，负责新课程体系的研究和新课程实验的指导，为国家课程改革决策提供相关研究咨询意见。此外，教育部为了推动整个基础教育的课程改革，在一些师范大学建立研究中心，承担国家或地方教育行政部门委托的课程改革任务，大力开展课程改革实验，对课程研究人员和实验教师进行专业化培训，提供课程研究信息和咨询服务，有力地推动了包括体育课程在内的整个基础教育课程改革。在2013年教育部启动的对2003年印发的普通高中课程方案和体育与健康课程标准实验稿的修订中，又加强了调查研究[1]和测试论证[2]，广泛征求和听取相关领域人员的意见建议，在重大问题上向权威部门、专业机构、知名专家学者咨询，体现了求真务实，严谨认真的态度。在2022年3月印发的《义务教育课程方案（2022年版）》的"课程实施"中，又提出要充分利用高等学校、科研院所、学术团体等机构的专业力量，开展相关的基础研究、国际比较研究、案例研究等，为课程改革提供指导。总之，课程改革与课程研究相辅相成，"没有课程改革的课程研究是'空'，没有课程研究的课程改革是

---

[1] 教育部委托专业机构进行课程实施情况调研、国际比较研究等，特别是委托有关高校研制中国学生核心素养标准，将党的教育方针要求具体化、细化，为课程修订提供必要理论基础和现实依据。先后形成20余份专题报告，500余万字。

[2] 在全国选择了19个省（市）4万余名学生对课标科学性和可操作性进行测试。

'盲'"[1]。为推进体育课程改革的顺利发展,必须充分重视课程研究的作用,通过课程研究为课程决策提供科学依据,以降低课程改革的运行成本和失误风险,保证课程改革的稳定、进步、有序和协调。体育课程研究的开展为我国体育课程决策科学化提供了科学依据,保证了我国中小学体育课程改革的顺利进行。

7.立足我国基本国情,在体育课程改革上坚持统一性与灵活性相结合

实事求是是我们党的思想路线,是兴党兴国的基石和灵魂,是马克思主义中国化理论成果的精髓和灵魂。坚持实事求是,坚持一切从实际出发,既是我国教育改革顺利推进的必然要求,同时也是新中国教育改革和发展的一条重要经验。在新中国成立70多年中小学体育课程改革的历程中,党和国家十分注意坚持实事求是的思想路线,充分立足我国国情,在体育课程改革中,考虑到我国地域辽阔的实际,坚持统一性与灵活性的结合,在坚持全国有统一要求的同时,又给予地方和学校以一定的灵活性,有助于体育课程改革取得实效。

在新中国成立初期的中小学体育课程改革中,就注重从实际出发,实事求是,立足基本国情,坚持改革的统一性与灵活性相结合。如1956年颁布的《中学体育教学大纲(草案)》将中学体育教材分为基本教材和补充教材,前者指的是全国中学必须贯彻执行的教材;后者是为适应不同地区,中学体育教育的发展情况或其他条件而编写的教材。基本教材包括三种:体操、田径和游戏。补充教材中的滑雪、滑冰、游泳的教材,提出有条件的学校可以采用,给予地方、学校一定的灵活性。1961年人民教育出版社编辑出版的《小学体育教材》和《中学体育教材》在教师教材使用方面指出:该教材强调力求做到可以供我国绝大部分地区小学体育教师参考使用,但由于各地区、各学校情况不同难以做到完全适用,各地区、学校在参考使用时需要根据具体情况进行相应的调整,"特别是民族地区和少数寒冷或炎热地区,在参考使用时,更需要根据具体情况,很好地加以调整、删除或补充"[2]。1963年3月,中共中央下达的《全日制中

---

[1] 杨晓微.近二十年我国基础教育课程研究的方法论探析[J].教育研究,2000(3):37-43.
[2] 课程教材研究所.20世纪中国中小学课程标准·教学大纲汇编 体育卷[M].北京:人民教育出版社,2001:77.

学暂行工作条例(草案)》与《全日制小学暂行工作条例(草案)》规定：各省、区、市除采用全国通用的教科书外,可以自编作为补充的历史、地理、生物等课程的乡土教材。在1978年3月,教育部印发的《全日制十年制学校小学体育教学大纲(试行草案)》和《全日制十年制学校中学体育教学大纲(试行草案)》中,将中小学体育教材分为基本教材和选用教材两部分。各级各类学校体育课程的主要教材是基础教材；各学校根据自身情况,因地制宜,灵活选用的教材是选用教材。在"体育教材编写的原则"中强调"因地制宜,从实际出发"并"体现民族的特点"。基本教材是对学生的统一要求,各地应该积极努力地创造条件完成,从自身实际出发因地制宜,充分利用当地的自然条件；大纲中的选用教材,各地学校根据自己的具体情况选用。强调民族地区的学校可结合本民族的体育传统和风俗习惯,调整补充教材内容。在1987年颁发的《全日制小学体育教学大纲》《全日制中学体育教学大纲》中,在选编体育教材(确定体育教学内容)的原则里,又强调统一性与灵活性相结合原则,强调教材分为基本教材和选用教材两部分,基本教材是基本、统一的要求,选用教材各地区可从本地区实际出发,选择使用。民族地区可利用选用教材的教学时数,教授具有本民族特点的体育教材内容。1992年国家教委颁发的《九年义务教育全日制小学体育教学大纲(试用)》《九年义务教育初级中学体育教学大纲(试用)》在确定体育教学内容的原则方面,同样强调统一性与灵活性相结合的原则,大纲规定：初中体育教学内容中的基本部分和选用部分分别占整个教学内容的70%和30%；小学体育教学内容中的基本部分和选用部分分别占全部教学内容的70%~80%和20%~30%。1996年国家教委颁发的《全日制普通高级中学体育教学大纲(供试验用)》再次强调确定教学内容的基本原则之一是统一性与灵活性相结合,提出在保证学生达到国家基本要求的前提下,根据不同地区、学校的教学条件和学生需求,可以适当增加限选、任选的内容和时间。该大纲在体育课程结构方面,将高中体育课程分为学科类课程和活动类课程两部分。作为实现体育教学目的和达到国家对高中学生体育基本要求的主要途径的学科类课程是体育课程的主体。学科类课程的教学内容由必选内容、限选内容和任选内容构成。该大纲还调整了考核项目和标准的权限,规定省级教育行政部门可以对大纲规定的个别项目和标准作适当调整,给予地方一定的灵活性。在2000年颁发的小学、初中、高中体育与健康教学大纲中,将统一性和选择性作为选编和建构体育与健康教学内容的原则之一。在课程结构方面,2000年的三个新大纲吸收了1996年全日制高中体育大纲的优点,在小学到高中均建立了必修与选修(含限选和任选)相结合的课程结构,规定:小学必修内容1~2年级占70%,3~6年级占60%;选修内容1~2年级占30%,3~6年级占40%;初中必修和选修内容各占50%;高中必修内容占40%,选修内容占60%,选修内容的比重扩大。教学内容中增加了选修的比重,体育教学内容的弹性和选择性得以增加,同时,也赋予教学内容更大的灵活性。这便于在实际教学过程中根据具体情况,有针对性地选用,加大了体育课程内容的弹性。

在制定教学(课程)计划、颁发中小学体育教学大纲的同时,1988年,国家教委批准上海、浙江两地可以自行制定课程、教学大纲和教材改革方案,赋予其课程改革的自主权。国家教委批准上海市和浙江省进行课程教材全面改革实验后,1991年全国教材审查委员会又审查通过了上海市制定的九年义务教育《体育与保健学科课程标准》和浙江省制定的义务教育《体育与保健教学指导纲要》,通过后供实验用。这无疑是新中国谋求改变我国基础教育体育课程高度统一的现状,实现课程统一性与灵活性相结合的努力。在1996年颁发的《全日制普通高级中学课程计划(试验)》和2000年颁发的《全日制普通高级中学课程计划(试验修订稿)》中,又提出普通高中课程实行国家、地方和学校三级管理体制,一定程度上改变了以往高度集中的课程管理制度。课程管理体制的变化,给地方和学校灵活掌握留有余地,有助于与各地经济文化发展的实际情况和学校实际相结合,开发出具有地方和学校特色的体育课程。

在新世纪以来启动的新一轮中小学体育课程改革中,统一性与灵活性(选择性)相结合的理念得到了进一步继承。在2001年印发的《义务教育课程设置实验方案》中,规定小学、初中九年体育课时总数占全部课程课时数的比例为10%~11%,给地方和学校以一定的伸缩余地;2003年颁发的《普通高中课程方案(实验)》规定,普通高中课程由必修和选修两部分构成,学分分为必修学分、选修学分Ⅰ、选修学分Ⅱ三部分,体育与健康必修学分为11学分,体现统一性要求,选修学分Ⅰ、选修学分Ⅱ体现体育课程的选择性。在2017年版普通高中课程方案中,将普通高中课程分为三类:必修、选择性必修和选修。必修课程由国家根据学生全面发展需要设置,所有学生必须全部修习;选择性必修课程由国家根据学生个性发展和升学考试需要设置;选修课程,由学校根据实际情况统筹规划开设,学生自主选择修习。在课程管理方面,新一轮中小学体育课程实施统一性与灵活性(选择性)相结合,增强了体育课程对地方、学校及学生的适应性。在课程标准方面,同样强调统一性与灵活性的结合,如《义务教育体育与健康课程标准(2011年版)》,将"关注地区差异和个体差异"作为课程的一条基本理念,提出"在保证国家课程基本要求的前提下,充分关注不同地区、学校和学生之间的差异,各地区和学校要根据体育和健康课程目标及课程内容,因地制宜,合理选择和设计教学内容"[①]。在"课程设计思路"部分,2011年版课程标准又提出将"根据三级课程管理的要求保证课程内容的可选择性"作为课程设计思路之一,指出:"各地区和学校制订具体的课程实施方案和教学计划时,应从师资队伍、场地与器材、学生体育基础等方面的实际出发,选编适宜的教学内容。"[②]在《普通高中体育与健康课程标准(2017年版)》中,将普通高中体育与健康课程内容分为必修必学和必修选学两个部分。必修必学内容是对全体学生学习体育与健康课程的共同要求,包括体能和健康教育;必修选学内容是满足学生形成运动爱好和专长以及个性发展的需要。2022年印发的《义务教育课程方案(2022年版)》规定:义务教育课程包含国家课程、地方课程和校本课程,以国家课程作为主体,奠定共同基础;以地方课程和校本课程作为拓展和补充,兼顾差异。小学、初中九年体育与健康课程课时总数占全部课程课时数的比例为10%~11%,给地方和学校以一定的伸缩余地。在《义务教育体育与健康课程标准(2022年版)》中,明确将关注学生个体差异作为义务教育体育与健康课程的一条核心课程理念,指出体育与健康课程要在对所有学生进行激励和指导的基础上,针对不同学生身体条件、运动基础和兴趣爱好对

[①] 中华人民共和国教育部.义务教育体育与健康课程标准(2011年版)[M].北京:北京师范大学出版社,2012:4.
[②] 中华人民共和国教育部.义务教育体育与健康课程标准(2011年版)[M].北京:北京师范大学出版社,2012:5.

学生实施因材施教；提出不同学习目标，选择适宜的教学内容，采用多样的教学方法与学习评价方式，为学生创造公平的学习机会，促进每一位学生在原有基础上都获得更好发展。统一性与灵活性的结合，不仅给予地方和学校以一定的伸缩余地，同时也有助于学生的个性化发展。

8.加强课程改革的组织领导，为体育课程改革提供组织保障

加强教育改革的领导，为教育改革提供强大的组织领导保障是确保教育改革顺利进行的前提条件。在新中国70多年中小学体育课程改革的历程中，党和国家十分注重对课程改革的组织领导和管理，为课程改革的顺利开展提供了组织保障，保证了中小学体育课程改革的顺利进行。

新中国成立之初，全国各地中小学体育课程设置混乱，没有全国统一的体育教学大纲和教材，中小学体育课程教学处于放养状态。为规范全国中小学体育课程秩序，党和国家委托中央人民政府教育部全权负责具体组织和领导包括体育课程改革在内的教育改革工作。自1950年以来，教育部组织研制、颁布了一系列全国性的中小学教学计划、中小学暂行规程、中小学体育课程教学大纲（标准），并专门成立了人民教育出版社，负责编写、出版全国统编教材；在地方则由各级人民政府教育行政部门具体组织落实和实施，建立了社会主义性质的全国统一的中小学体育课程体系，为我国中小学体育教育质量的提升和体育事业的向前发展奠定了坚实的基础。在"文化大革命"时期，由于受到极左错误思想的影响，教育部一度被撤销，1950年为编写出版全国统编教材而成立的人民教育出版社也一度被撤销，全社干部和职工被下放到地方劳动，全国教育管理一片混乱。各地对新中国成立17年来建立起来的中小学体育课程体系进行了全盘否定，各地中小学体育课程"五花八门"，学校体育事业也受到了严重冲击和破坏。

"文革"结束后，在党中央的领导和教育部的具体组织、统筹、部署下，教育领域开始了制定统一的中小学体育教学大纲和编写全国通用教材的工作。1977年9月，教育部成立了"教材编审领导小组"，组织编写中小学各科教学大纲、教材，《全日制十年制中小学教学计划（试行草案）》《全日制中学暂行工作条例（试行草案）》《全日制小学暂行工作条例（试行草案）》《全日制五年制小学

教学计划(修订草案)》《全日制六年制重点中学教学计划(试行草案)》《全日制五年制中学教学计划试行草案的修订意见》《全日制十年制学校小学体育教学大纲(试行草案)》等重要课程教学文件相继颁布,恢复了中小学体育正常的课程秩序。20世纪80年代中期以来,教育部(国家教委)又先后组织了义务教育阶段和普通高中课程计划、中小学体育教学大纲的制定和中小学体育教材的编写工作。在党中央、政府的坚强领导与教育部(国家教委)的具体组织、统筹、部署下,我国中小学体育课程经过多次调整,初步形成了具有中国特色的中小学体育课程体系,为我国中小学体育质量的提高奠定了基础。在世纪之交启动的我国新一轮基础教育课程改革中,由教育部领导并统筹管理全国包括体育在内的基础教育课程改革工作;省级教育行政部门领导并规划本省(自治区、直辖市)包括体育在内的基础教育课程改革工作;党中央和政府对课程改革的坚强领导为新一轮包括体育在内的基础教育课程改革的开展提供了重要的组织保障。2017年颁布的《普通高中课程方案(2017年版)》又明确要求完善国家、地方和学校三级课程管理制度,切实加强对普通高中课程实施的领导与管理。提出省级教育行政部门应该依据本课程方案,结合本省实际制定课程实施指导意见;市县级教育行政部门应指导学校做好课程实施规划;学校的课程实施规划应报上级教育行政主管部门备案,作为开展学校教育督导的重要依据。强调地方教育行政部门应为学校提供必要的条件和保障,协调好师资培训、人事编制、经费投入、设施设备配置等,做好舆论宣传,为课程实施创造良好的环境。除此之外,《普通高中课程方案(2017年版)》还要求要建立国家、省两级课程实施监测制度,健全课程建设和管理反馈改进机制。"国家制定监测方案,重点对本课程方案执行情况、课程标准落实情况及国家审查通过的教材使用情况进行监测,并对各地监测工作进行指导和督查。省级教育行政部门应建立相应的监测和反馈改进机制,并协助完成国级监测相关工作。"由于普通高中课程实施是一个系统工程,《普通高中课程方案(2017年版)》还进一步要求各地应根据普通高中课程实施的需要,因地制宜制定相应的政策,提供有力的条件保障。2022年教育部印发的《义务教育课程方案(2022年版)》从科学规划课程实施、深化教学改革、改进教学评价、强化专业支持、健全实施机制等方面对课程实施提出要求,在健全实施机制方面明确规定开展国家和省两级课程实施检测和课程实施督导。整体来看,2022年版义务教育课程方案细化了实施要求。课程改革的领导和组织是课程改革顺利进行的根本保证。要保障中小学体育课程改革的顺利进行,必须切实加强对体育课程改革的组织和领导。只有如此,才能保障体育课程改革全面贯彻、落实党的教育方针,调动一切有利的因素,顺利推进体育课程改革,实现中华民族伟大复兴的伟大目标。新中国成立70多年来党和国家对体育课程改革的组织、领导的重视,保障了中小学体育课程改革的顺利进行。

9. 坚持"以人为本"的价值取向,凸显正确的课程价值选择

课程的价值取向是课程改革和建设的出发点,也是课程改革和建设的依据。它不仅关系到课程改革与建设的方向,也直接关系到课程改革的成败。

在新中国成立后的很长一段时间里,在中小学体育课程改革在价值取向上主要强调学校体育的"工具"属性,在促进"人"的发展的价值关怀上存在不足。从新中国成立初期中小学体育课程改革价值取向来看,这一时期课程改革受苏联学校体育模式的影响,主要从"阶级性"与"工具性"的角度来审视学校体育的发展,强调学校体育课程的国家性、人民性和统一性,强调学校体育是进行共产主义教育的重要手段,在体育课程实践中以推行和贯彻"劳卫制"为特色,体育课程主要以学生的体质发展为目标,注重运动技术、技能传授。体育课程改革对学生身心发展以及养成良好的运动卫生习惯的关注较少,过分强调了学校体育教育目的的国家性,在课程价值取向上过于强调体育课程为社会发展服务,呈现单维化倾向。在我国社会主义建设道路的全面探索时期,由于受到"左"倾错误思想的干扰,在随后的"教育大跃进""教育革命"影响之下,我国中小学体育课程改革的单维化价值取向并无改变,甚至出现极端化的趋向,学校体育课程改革在价值取向上强调国家需要,过分注重学校体育的规范性和统一性,学生的主体需要受到忽视,对学生个性发展的关注不足。"文化大革命"期间,在极左错误思潮的影响下,我国中小学体育课程改革价值取向被扭曲,这种单维化的价值取向不仅忽视了"人"的发展,而且致使为社会发展服务被极端化,极大地影响了学生的健康发展。

十年"文革"结束之后的历史转变时期,随着"拨乱反正"工作的推进和"真理标准问题大讨论"的进行,尤其是党的十一届三中全会召开以来,我国对学校体育价值的认识突破了"文革"时期的狭隘认识,开始向良好的方向发生变化。体育课程改革开始回归对学生体质的发展和技能掌握的关注,学生的体育兴趣逐渐受到重视。在全面建设有中国特色社会主义新时期,随着素质教育思潮的兴起并成为时代的主旋律,我国中小学体育课程改革在价值取向上一步步回归"育人本位"的轨道。20世纪80年代后期尤其是90年代以来,我国中小学体育课程改革越发强调促进学生全面素质的培养,开始积极追求培养学生全面素质的教育价值。如在1987年的中小学体育教学大纲中强调中小学体育课程要促进学生德、智、体、美全面发展,强调体育课程目标在于"全面锻炼学生的身体""掌握体育基础知识、基本技术和基本技能""向学生进行思想品德教育"。1992年颁发的体育教学大纲明确提出要通过体育教学增强学生的身体素质,促进学生的身心健康发展,培养学生德、智、体、美全面发展的课程目标。1996年颁发的高中体育教学大纲中又明确提出全面锻炼学生身体,增进学生身心健康等方面的要求;明确提出体育课程改革要以育人为宗旨,不断增进学生身心健康,提高学生体育文化素养,培养德、智、体等方面全面发展的社会主义事业的建设者和接班人。这些突破了过去体质教育和技能教育取向的二元分割的思想,反映了学校体育价值认识开始由单一的"生物"一维向"生物、心理、社会"三维的巨大转变。2000年颁发的三个体育与健康教学大纲明确将"健康第一"作为指导思想,要求体育课程要以育人为本,促使学生身心得到和谐和全面的发展;要求增强学生的体育意识与能力,提高学生的体育文化素养,满足学生不同的兴趣爱好以及个性发展的需要,为终身体育奠定坚实的基础。自21世纪以来,我国启动了新一轮的基础教育体育课程改革,将"健康第一"作为课程改革的指导思想,从义务教育体育新课程到普通高中体育新课程,均以"以每一位学生的全面发展为中心"的全新价值立场为目标追求,并贯穿课程目标、课程结构、课程内容、课程实施、课程评价、课程管理的始终,体现了对学生个体价值的确认,充分凸显了鲜明的"以人为本"的价值立场。中小学体育课程改革中"以人为本"的价值立场的确立,意味着新时期我国中小学体育"以人之生成、完善为基本出发点,将人的发展作为衡量的根本尺度",不仅打造了极富时代特色的中小学体育课程体系,而且给我国中小学体育带来了蓬勃生机与活力。新一轮基础教育体育课程价值取向的转变,为中华民族的复兴奠定了坚实的基础。

参考文献

(一)图书

《中国教育年鉴》编辑部.中国教育年鉴(1949—1981)[M].北京:中国大百科全书出版社,1984.

《中国教育年鉴》编辑部.中国教育年鉴(1982—1984)[M].长沙:湖南教育出版社,1986.

《中国教育年鉴》编辑部.中国教育年鉴(1985—1986)[M].长沙:湖南教育出版社,1988.

《中国教育年鉴》编辑部.中国教育年鉴(1987)[M].北京:人民教育出版社,1988.

《中国教育年鉴》编辑部.中国教育年鉴(1988)[M].北京:人民教育出版社,1989.

《中国教育年鉴》编辑部.中国教育年鉴(1989)[M].北京:人民教育出版社,1990.

《中国教育年鉴》编辑部.中国教育年鉴(1990)[M].北京:人民教育出版社,1991.

《中国教育年鉴》编辑部.中国教育年鉴(1991)[M].北京:人民教育出版社,1992.

《中国教育年鉴》编辑部.中国教育年鉴(1992)[M].北京:人民教育出版社,1993.

《中国教育年鉴》编辑部.中国教育年鉴(1993)[M].北京:人民教育出版社,1994.

《中国教育年鉴》编辑部.中国教育年鉴(1994)[M].北京:人民教育出版社,1995.

《中国教育年鉴》编辑部.中国教育年鉴(1995)[M].北京:人民教育出版社,1996.

《中国教育年鉴》编辑部.中国教育年鉴(1996)[M].北京:人民教育出版社,1997.

《中国教育年鉴》编辑部.中国教育年鉴(1997)[M].北京:人民教育出版社,1998.

《中国教育年鉴》编辑部.中国教育年鉴(1998)[M].北京:人民教育出版社,1999.

《中国教育年鉴》编辑部.中国教育年鉴(1999)[M].北京:人民教育出版社,2000.

《中国教育年鉴》编辑部.中国教育年鉴(2000)[M].北京:人民教育出版社,2001.

《中国教育年鉴》编辑部.中国教育年鉴(2001)[M].北京:人民教育出版社,2002.

《中国教育年鉴》编辑部.中国教育年鉴(2002)[M].北京:人民教育出版社,2003.

《中国教育年鉴》编辑部.中国教育年鉴(2003)[M].北京:人民教育出版社,2004.

《中国教育年鉴》编辑部.中国教育年鉴(2004)[M].北京:人民教育出版社,2005.

《中国教育年鉴》编辑部.中国教育年鉴(2005)[M].北京:人民教育出版社,2006.

《中国教育年鉴》编辑部.中国教育年鉴(2006)[M].北京:人民教育出版社,2007.

《中国教育年鉴》编辑部.中国教育年鉴(2007)[M].北京:人民教育出版社,2008.

《中国教育年鉴》编辑部.中国教育年鉴(2008)[M].北京:人民教育出版社,2009.

《中国教育年鉴》编辑部.中国教育年鉴(2009)[M].北京:人民教育出版社,2010.

《中国教育年鉴》编辑部.中国教育年鉴(2010)[M].北京:人民教育出版社,2011.

《中国教育年鉴》编辑部.中国教育年鉴(2011)[M].北京:人民教育出版社,2012.

《中国教育事典》编委会.中国教育事典(初等教育卷)[M].石家庄:河北教育出版社,1994.

《中国教育事典》编委会.中国教育事典(中等教育卷)[M].石家庄:河北教育出版社,1994.

白月桥.课程变革概论[M].石家庄:河北教育出版社,1996.

曹守和.中国体育通史 第七卷(1993—2005年)[M].北京:人民体育出版社,2008.

傅砚农.中国体育通史 第五卷(1949—1979年)[M].北京:人民体育出版社,2008.

陈晴.清末民初新式体育的传入与嬗变[M].武汉:华中师范大学出版社,2007.

程文广.中国近现代体育思想及体育教育发展论纲[M].北京:北京体育大学出版社,2007.

崔伟.体育课程论[M].郑州:黄河水利出版社,2005.

方晓东,李玉非,毕诚,等.中华人民共和国教育史纲[M].海口:海南出版社,2002.

傅砚农,曹守和,赵玉梅,等.中国体育思想史(现代卷)[M].北京:首都师范大学出版社,2008.

傅砚农,曹守和.新中国体育指导思想研究[M].北京:人民出版社,2012.

高奇.新中国教育历程[M].石家庄:河北教育出版社,1996.

谷世权.体育理论与体育史论丛[M].北京:当代中国出版社,2011.

谷世权,杨文清.中国体育史[M].北京:北京体育学院出版社,1981.

顾渊彦.基础教育体育课程改革[M].北京:人民体育出版社,2004.

郭齐家,雷铣.中华人民共和国教育法全书[M].北京:北京广播学院出版社,1995.

国家教委基础教育司.九年义务教育课程计划学习指导[M].北京:人民教育出版社,1992.

国家体委体育文史工作委员会,全国体总文史资料编审委员会.中国近代体育文选 体育史料 第17辑[M].北京:人民体育出版社,1992.

国家体委政策研究室.体育运动文件选编(1949—1981)[M].北京:人民体育出版社,1982.

何叙.中国近现代体育思想的传承与演变[M].北京:人民出版社,2013.

何东昌.当代中国教育[M].北京:当代中国出版社,1996.

何东昌.中华人民共和国教育史(上卷)[M].海口:海南出版社,2007.

何东昌.中华人民共和国重要教育文献(1949—1975)[M].海口:海南出版社,1998.

何东昌.中华人民共和国重要教育文献(1976—1990)[M].海口:海南出版社,1998.

何东昌.中华人民共和国重要教育文献(1991—1997)[M].海口:海南出版社,1998.

何东昌.中华人民共和国重要教育文献(1998—2002)[M].海口:海南出版社,2003.

郝勤.中国体育通史(第六卷)[M].北京:人民体育出版社,2008.

胡瑞文.中国基础教育发展研究[M].上海:上海教育出版社,1997.

湖南省社会科学院.黄兴集[M].北京:中华书局,2011.

金光辉.中国现代体育思想史研究[M].长春:东北师范大学出版社,2019.

金铁宽.中华人民共和国教育大事记(1—3卷)[M].济南:山东教育出版社,1995.

金一鸣.中国社会主义教育的轨迹[M].上海:华东师范大学出版社,2000.

金一鸣.中国特色社会主义教育研究[M]济南:山东教育出版社,1998.

课程教材研究所.20世纪中国中小学课程标准·教学大纲汇编 体育卷[M].北京:人民教育出版社,2001.

课程教材研究所.20世纪中国中小学课程标准·教学大纲汇编 课程(教学)计划卷[M].北京:人民教育出版社,2001.

李大春.中小学体育课程理念与实施[M].桂林:广西师范大学出版社,2003.

李富菊.中国现当代体育课程问题史论[M].济南:山东人民出版社,2014.

李国钧,王炳照.中国教育制度通史(第八卷)[M].济南:山东教育出版社,2000.

李晋裕,滕子敬,李永亮.学校体育史[M].海口:海南出版社,2000.

李庆刚."大跃进"时期"教育革命"研究[M].北京:中共中央党校出版社,2006.

李秀梅.中华人民共和国体育史简编[M].北京:北京体育大学出版社,2001.

李艳翎.体育课程论[M].长沙:湖南师范大学出版社,2006.

廖其发.新中国教育改革研究[M].重庆:重庆出版社,1996.

刘英杰.中国教育大事典1949—1990(上)[M].杭州:浙江教育出版社,1993.

骆秉全.美与和谐的体育教学[M].北京:北京师范大学出版社,2007.

吕达.中国近代课程史论[M].北京:人民教育出版社,1994.

马保生.中国学校体育思想[M].北京:人民体育出版社,2019.

毛礼锐,沈灌群.中国教育通史(第六卷)[M].济南:山东教育出版社,1989.

毛振明.学校体育发展史[M].桂林:广西师范大学出版社,2009.

毛振明,赖天德.再说中国体育课程与教学改革[M].北京:地质出版社,2007.

庞元宁,何建文.体育课程新论[M].北京:人民体育出版社,2004.

彭泽平.变革与反思——改革开放以来我国基础教育课程改革研究[M].北京:中国文史出版社,2005.

彭泽平.嬗变与超越——新中国基础教育课程改革史[M].成都:电子科技大学出版社,2014.

于晓东,刘庆广,窦秀敏.体育课程热点探索[M].北京:人民体育出版社,2009.

全国体育学院教材委员会.体育概论[M].北京:人民体育出版社,1989.

舒新城.近代中国教育思想史[M].上海:上海三联书店,2014.

苏竞存.中国近代学校体育史[M].北京:人民教育出版社,1994.

孙培青.中国教育史[M].上海:华东师范大学出版社,2000.

体育文史资料编审委员会.体育史料(第9辑)[M].北京:人民体育出版社,1983.

汪智.20世纪的中国·体育卫生卷[M].兰州:甘肃人民出版社,2000.

王策三.教学论稿[M].北京:人民教育出版社,2000.

王华倬.中国近现代体育课程史论[M].北京:高等教育出版社,2002.

王晓东.体育课程改革探索[M].北京:中国文史出版社,2006.

王燕晓.毛泽东的全面教育思想研究[M].北京:北京师范大学出版社,2011.

王志斌.体育与健康[M].北京:北京体育大学出版社,2007.

吴洪成.中国小学教育史[M].太原:山西教育出版社,2006.

伍绍祖.中华人民共和国体育史(1949—1998)综合卷[M].北京:中国书籍出版社,1999.

谢长法.中国中学教育史[M].太原:山西教育出版社,2009.

熊明安.中国近现代教学改革史[M].重庆:重庆出版社,1999.

徐莉.中外体育思想教程[M].天津:天津科学技术出版社,2014.

杨贵仁.中国学校体育改革的理论与实践[M].北京:高等教育出版社,2006.

杨桦.迈向体育强国的制度框架和思想基础[M].北京:学习出版社,2012.

杨润勇.热点教育政策分析[M].北京:中国轻工业出版社,2011.

杨玉厚,中国课程变革研究[M].西安:陕西人民教育出版社,1993.

叶澜.课程改革与课程评价[M].北京:教育科学出版社,2001.

中共中央文献编辑委员会.邓小平文选(1975—1982)[M].北京:人民出版社,1983.

国家体委体育文史工作委员会,中国体育科学学会体育史分会.毛泽东与体育文集[M].成都:四川教育出版社,1994.

国家体委体育文史工作委员会,中国体育史学会.中国近代体育史[M].北京:北京体育学院出版社,1989.

中国体育运动委员会.中国体育年鉴1949—1962[M].北京:人民体育出版社,1964.

中华人民共和国国家教育委员会.中华人民共和国现行教育法规汇编(1949—1989)[M].北京:人民教育出版社,1991.

中华人民共和国国家教育委员会.中华人民共和国现行教育法规汇编(1990—1995)[M].北京:人民教育出版社,1998.

中华人民共和国教育部.共和国教育50年 1949—1999[M].北京:北京师范大学出版社,1999.

中华人民共和国教育部.普通高中课程方案(2017年版)[M].北京:人民教育出版社,2018.

中华人民共和国教育部.普通高中课程方案(2017年版2020年修订)[M].北京:人民教育出版社,2020.

中华人民共和国教育部.普通高中课程方案(实验)[M].北京:北京师范大学出版社,2003.

中华人民共和国教育部.普通高中体育与健康课程标准(2017年版)[M].北京:人民教育出版社,2018.

中华人民共和国教育部.普通高中体育与健康课程标准(2017年版2020年修订)[M].北京:人民教育出版社,2020.

中华人民共和国教育部.普通高中体育与健康课程标准(实验)[M].北京:北京师范大学出版社,2003.

中华人民共和国教育部.体育(1—6年级)体育与健康(7—12年级)课程标准[M].北京:人民教育出版社,2001.

中华人民共和国教育部.义务教育课程方案(2022年版)[M].北京:北京师范大学出版社,2022.

中华人民共和国教育部.义务教育体育与健康课程标准(2011年版)[M].北京:人民教育出版社,2012.

中华人民共和国教育部.义务教育体育与健康课程标准(2022年版)[M].北京:北京师范大学出版社,2022.

中央教育科学研究所.中华人民共和国教育大事记1949—1982[M]北京:教育科学出版社,1984.

钟启泉,崔允漷,张华.为了中华民族的复兴 为了每位学生的发展——《基础教育课程改革纲要(试行)》解读[M].上海:华东师范大学出版社,2001.

卓晴君,李仲汉.中小学教育史[M].海口:海南出版社,2000.

卓晴君.中国改革全书1978—1991(教育改革卷)[M].大连:大连出版社,1992.

邹玉玲,史曙生,顾渊彦.体育课程导论[M].北京:人民体育出版社,2005.

(二)学位论文

白常俊.改革开放以来初中体育与健康课程标准的历史演进研究[D].南京:南京体育学院,2023.

程一军.新中国60年学校体育思想研究[D].苏州:苏州大学,2010.

代强.《体育与健康课程标准》实施现状的反思——江西省中小学《体育与健康课程标准》实施现状的分析与思考[D].上海:华东交通大学,2010.

董翠香.我国中小学体育校本课程开发理论与实践研究[D].北京:北京体育大学,2004.

范国梁.改革开放以来我国学校体育思想发展演变研究[D].广州:华南师范大学,2003.

古晓刚.从素质教育角度看中学体育课程改革[D].呼和浩特:内蒙古师范大学,2010.

古雅辉.近代以来我国学校体育思想演变及其发展研究[D].兰州:西北师范大学,2006.

郭元.建国以来我国中学体育大纲发展变化的研究[D].西安:陕西师范大学,2003.

郭智光.我国中小学体育课程沿革与改革研究[D].济南:山东师范大学,2007.

胡庆山.体育课程实施主体论[D].武汉:华中师范大学,2009.

金光辉.从体育教科书与专著的立论基础看体育思想的演化[D].上海:华东师范大学,2012.

李丹.新中国基础教育课程结构沿革研究[D].呼和浩特:内蒙古师范大学,2003.

李海霞.我国小学体育课程标准(教学大纲)的历史演进[D].济南:山东师范大学,2006.

刘斌.从体操到体育——清末民国中小学体育教科书研究[D].长沙:湖南师范大学,2011.

刘星航.我国现代体育课程改革的文化审视[D].南京:南京师范大学,2008.

吕蒙.后工业社会视野中的《体育(与健康)课程标准》[D].太原:山西大学,2011.

潘明.改革开放以来我国中小学体育课程发展的研究[D].广州:华南师范大学,2003.

彭伟家.近代以来学校体育思想的演变对体育课程影响的研究[D].长沙:湖南师范大学,2010.

秦立霞.近20年来我国基础教育课程改革的历史及启示[D].西安:陕西师范大学,2003.

盛晓明.中国、英国中学体育课程改革与发展的比较研究[D].北京:北京体育大学,2004.

孙艳.新中国基础教育课程改革的教学论审视[D].呼和浩特:内蒙古师范大学,2004.

田雪艳.后改革时代体育课程的主要问题预判及对策研究[D].长春:东北师范大学,2013.

王华倬.论我国近现代中小学体育课程的发展演变及其历史经验[D].北京:北京体育大学,2003.

王琪.文化视野下新中国基础教育课程改革历程[D].芜湖:安徽师范大学,2006.

王淑英.学校体育课程体系研究[D].石家庄:河北师范大学,2012.

魏相博.我国中小学体育课程政策变化轨迹的发展研究[D].兰州:西北师范大学,2010.

魏晓燕.中小学体育效能研究[D].北京:北京体育大学,2009.

吴秋云.改革开放以来中小学体育课程发展研究[D].长春:东北师范大学,2022.

武超.近代以来我国体育课程改革的动力机制研究——制度变迁的视角[D].金华:浙江师范大学,2013.

许春雷.中美当代中小学体育课程比较研究[D].西安:西安体育学院,2012.

许婕.中国学校体育角色历史审视与定位[D].北京:北京体育大学,2013.

张红.新中国基础教育课程政策的价值取向研究[D].长春:东北师范大学,2008.

张嘉六.海峡两岸小学体育课程改革之比较研究[D].苏州:苏州大学,2012.

张勤.中国基础教育体育课程内容设计研究[D].福州:福建师范大学,2004.

张庆新.中国近现代体育教材史的研究[D].北京:北京师范大学,2008.

张艳花.建国以来我国中小学体育课程改革的研究[D].太原:山西师范大学,2009.

郑家福.新中国基础教育课程改革的文化检讨[D].重庆:西南师范大学,2003.

(三)期刊文章

蔡学俊,宋迎东.从20世纪中国文化变迁审视学校体育课程改革与发展[J].河北师范大学学报(教育科学版),2009(8).

程文广.论我国体育教育的百年嬗变与重构[J].中国体育科技,2007(5).

崔乐泉.当代体育史学研究重点分析[J].体育文化导刊,2002(2).

崔乐泉.中国体育史学研究的历史与现状[J].体育文化导刊,2002(1).

冯霞.改革开放以来中国学校体育改革回顾——曲宗湖教授访谈录[J].体育学刊,2007(9).

高鹏.新中国70年学校体育发展演变与历史经验[J].北京体育大学学报,2019(11).

何耀慧.从博弈论的视角看中小学体育课程改革推行缓慢的原因[J].南京体育学院学报(社会科学版),2009(1).

侯广斌.中小学体育课程改革过程中存在的制约因素的探讨[J].北京体育大学学报,2007(11).

胡永红,周登嵩.体育课程改革的文化动因[J].西安体育学院学报,2010(4).

黄爱峰,顾渊彦.新中国中小学三代体育课程的历史省思[J].浙江体育科学,2004(3).

黄甫全.新中国课程研究的回顾与展望[J].教育研究,1999(12).

季浏.对我国20年基础教育体育新课改若干认识问题的澄清与分析[J].上海体育学院学报,2020(1).

焦友吉,李跃进,董翠香.新中国中小学体育教学大纲与教材建设的回顾[J].北京体育大学学报,2002(5).

靳玉乐,王牧华.新中国中小学课程教材建设五十年[J].西南师范大学学报(人文社会科学版),2000(6).

李海霞.建国以来我国小学体育课程目标体系的发展演变[J].山东体育科技,2006(1).

李永亮.中国学校体育50年的发展历程和基本经验[J].体育学刊,2004(4).

李志钢.改革开放40年我国中小学体育课程教材建设的回顾与思考[J].中国学校体育,2019(1).

李忠堂,阎智力.我国基础教育体育课程改革60年回顾[J].体育学刊,2010(12).

刘婷,杨立超.建国六十周年我国学校体育的发展成果及展望[J].浙江体育科学,2009(6).

刘晓莉,肖焕禹.建国以来我国中小学体育课程教学目标体系的回顾与展望[J].上海体育学院学报,2002(1).

刘昕,胡月英,张荣.建国以来我国基础教育体育教师文化的历史变迁[J].北京体育大学学报,2012(5).

陆怀志.对新中国学校体育思想演变的回顾与思考[J].辽宁师专学报(自然科学版),2004(2).

罗时铭.试论建国初期我国学校体育的创建[J].四川体育科学,2001(4).

罗映清,滕子敬.试谈中小学体育课的任务中锻炼身体和掌握知识、技能、技术的关系[J].体育科学,1981(2).

吕晓昌,季浏,赵美鲁.对我国中小学体育课程改革的若干思考[J].聊城大学学报(自然科学版),2009(2).

彭泽平,姚琳.改革开放以来基础教育课程改革的历程与经验[J].西南大学学报(社会科学版),2011(2).

彭泽平.1958—1965年我国基础教育课程改革的重新考察与评价[J].东北师范大学学报(哲学社会科学版),2005(2).

彭泽平.初建的"传统"——建国之初我国中小学课程改革的历史考察[J].西南师范大学学报(人文社会科学版),2004(5).

彭泽平.真实成就与客观困境——改革开放至20世纪90年代末我国基础教育课程改革评析[J].教育理论与实践,2005(7).

彭泽平.正规化的尝试与迷误——1953—1957年间我国基础教育课程改革的历史考察[J].西南师范大学学报(人文社会科学版),2007(1).

邱宝文.中小学体育课程改革的现状与展望[J].南京体育学院学报,2004(1).

全国学校体育卫生工作会议纪要[J].中国学校体育,1983(6).

舒盛芳,沈建华.改革开放30年我国学校体育取得的主要突破与问题[J].上海体育学院学报,2008(4).

宋娜梅,程然,李强,等.体育大课程视域下体育课中"学"存在的问题与解决对策[J].首都体育学院学报,2018(4).

孙艳.新中国三代基础教育课程改革的教学观审视[J].内蒙古师范大学学报(教育科学版),2008(12).

孙艳.新中国三代基础教育课程改革的教学目的及其学生观审视[J].内蒙古师范大学学报(教育科学版),2005(8).

孙艳.新中国三代基础教育课程改革的教学内容及其课程观审视[J].内蒙古师范大学学报(教育科学版),2007(2).

唐炎,郭礼,李翠兰,等.从事实出发:运用"黑箱"理论对体育新课程改革的审视[J].武汉体育学院学报,2007(10).

唐炎,宋会君,刘昕,等.对我国学校体育功能研究的反思[J].北京体育大学学报,2004(8).

唐炎,宋会君.体育本质新论[J].天津体育学院学报,2004(2).

唐炎,周登嵩.体育教学社会环境的构成及其影响——关于体育教学的社会学分析[J].北京体育大学学报,2009(8).

唐炎,虞重干.体育课堂互动的特征、影响因素及存在问题[J].体育学刊,2009(10).

汪晓赞,季浏,金燕.我国新一轮中小学体育课程改革现状调查[J].上海体育学院学报,2007(6).

王华倬,兰保森.体育课程发展演变"钟摆现象"管窥[J].北京体育大学学报,2004(5).

王华倬.论我国近现代体育课程百年发展的历史经验[J].中国体育科技,2004(5).

王华倬.论新中国中小学体育课程的演变过程及其发展趋势[J].北京体育大学学报,2004(9).

王继帅,樊炳有.中小学体育课程改革相关研究及评价[J].体育学刊,2009(1).

王林,李召存.新中国中小学体育课程价值取向的嬗变[J].课程·教材·教法,2004(10).

王少君,毛雪梅.新中国基础教育课程改革的回顾与启示[J].内蒙古师范大学学报(教育科学版),2004(6).

王占春.浅谈体育课的三项基本任务[J].中国学校体育,1981(1).

王占春.新中国中小学体育教材建设五十年(上)[J].中国学校体育,1999(5).

王占春.新中国中小学体育教材建设五十年(下)[J].中国学校体育,1999(6).

魏国旗,文兰佃.新中国成立以来学校体育发展阶段研究[J].体育文化导刊,2007(3).

吴健,常生.30年我国中小学体育课程的演变及其历史经验[J].体育文化导刊,2012(8).

武海潭,季浏.中国近现代学校体育思想范式的流变:基于社会学视角的审视[J].北京体育大学学报,2013(6).

谢长林.对中小学体育课程改革的思考[J].安阳师范学院学报,2010(5).

徐栋."阳光体育"背景下中小学体育课程改革探析[J].兰州教育学院学报,2014(1).

徐英超.论改造体育的两个问题[J].新体育,1950(10).

严剑葵.我国学校体育教育思想的嬗变研究[J].体育科技,2015(6).

杨时勉.体育教学应以增强体质为主[J].中国学校体育,1987(2).

杨志康.当前中小学体育课程改革中的几个问题[J].成都体育学院学报,2009(12).

俞福丽.我国义务教育阶段体育与课程健康内容嬗变研究[J].沈阳体育学院学报,2018(5).

喻坚.阳光体育运动与中小学体育课程改革[J].体育文化导刊,2009(6).

张建新.我国中小学体育课程改革的现状分析[J].体育与科学,2003(3).

张林玲.我国中小学体育课程沿革与改革研究[J].湖北体育科技,2008(4).

张庆新,毛振明.近现代我国体育教材内容的嬗变与展望[J].北京教育学院学报(自然科学版),2009(2).

张庆新,毛振明:中国近现代体育教材发展的回顾与展望[J].体育学刊,2009(6).

张庆新,朱俊全,衣扬.近现代我国学校体育思想教材观考察[J].体育文化导刊,2009(7).

张廷凯.我国课程论研究的历史回顾:1922—1997(上)[J].课程·教材·教法,1998(1).

张廷凯.我国课程论研究的历史回顾:1922—1997(下)[J].课程·教材·教法,1998(2)

张亭,唐景丽.新中国基础教育体育课程改革走向的回顾与反思[J].武汉体育学院学报,2016(10).

张远蓉.1900—1949年我国中小学体育课程标准研究[J].四川体育科学,2004(2).

张祝平.日本体育课程改革理念及对我国中小学体育课程改革的启示[J].山东体育科技,2007(4).

赵彩红,赵子建.新中国中小学体育课程与教材的审视[J].四川体育科学,2004(1).

赵昌木,徐继存.我国课程改革研究20年:回顾与前瞻[J].课程·教材·教法,2002(1).

赵丽萍.中小学体育课程改革若干问题分析[J].体育学刊,2006(1).

赵子建,杨松.中国学校体育思想历史回顾及发展趋势[J].南京体育学院学报,2003(4).

甄志平,张苀.试论我国社会转型时期中小学体育课程改革的现代化与人文性趋势[J].西安体育学院学报,2004(1).

郑东辉.新中国课程改革的历史回顾[J].教育与职业,2005(13).

郑志磊,王红,窦淑慧,朱玉娟.1949—2006年我国中小学体育课程标准研究[J].山东体育科技,2007(1).

朱德.在中华全国体育总会筹备会议上的讲话[J].新体育,1950(1).

季浏.对我国20年基础教育体育新课改若干认识问题的澄清与分析[J].上海体育学院学报,2020(1).

季浏.使命与光荣:我国基础教育阶段体育与健康课程改革20年回顾[J].首都体育学院学报,2021(6).

刘莉.体育课程教学改革与发展分析[J].当代体育科技,2021(29).

吕钶,胡庆山.从冲突到消解:体育课程改革参照的价值考论[J].武汉体育学院学报,2021(6).

张磊.基础教育体育课程改革对体育教学改革的启示[J].中国教育技术装备,2021(13).

李娅萱.美国国家体育课程标准的特点及我国体育课程标准改革展望[J].青少年体育,2022(12).

吕钶,胡庆山.模式·机制·路径:体育课程改革参照的实践探索[J].成都体育学院学报,2022(5).

于素梅.新时代体育课程改革的动力源全国两会"学校体育"之声[J].中国学校体育,2022(4).

乔骞,古雅辉,谢玉吉.我国中小学体育课程模式改革与构建的新思考——基于美国"三大"体育课程模式的对比研究[J].体育世界,2023(11).

董欢,孔凯.基础教育体育课程改革的现状、问题与对策研究[J].中国教育学刊,2023(S1).